Defesa do Consumidor e Regulação

A PARTICIPAÇÃO DOS CONSUMIDORES BRASILEIROS NO CONTROLE DA PRESTAÇÃO DE SERVIÇOS PÚBLICOS

1031

A994d   Azevedo, Fernando Costa de
         Defesa do consumidor e regulação: a participação
      dos consumidores brasileiros no controle da presta-
      ção de serviços públicos / Fernando Costa de Aze-
      vedo. — Porto Alegre: Livraria do Advogado, 2002.
      192p.; 14x21 cm.

         ISBN 85-7348-238-9

            1. Proteção ao consumidor. 2. Serviços públicos.
         3. Consumidor. 4. Agência reguladora. I. Título.

                        CDU – 347.451.031

         Índices para o catálogo sistemático:

         Proteção ao consumidor
         Serviços públicos
         Consumidor
         Agência reguladora

      (Bibliotecária responsável: Marta Roberto, CRB-10/652)

FERNANDO COSTA DE AZEVEDO

Defesa do Consumidor e Regulação

A PARTICIPAÇÃO DOS CONSUMIDORES BRASILEIROS NO
CONTROLE DA PRESTAÇÃO DE SERVIÇOS PÚBLICOS

livraria
DO ADVOGADO
editora

Porto Alegre 2002

© Fernando Costa de Azevedo, 2002

Capa, projeto gráfico e diagramação
Livraria do Advogado Editora

Revisão
Rosane Marques Borba

Direitos desta edição reservados por
Livraria do Advogado Ltda.
Rua Riachuelo, 1338
90010-273 Porto Alegre RS
Fone/fax: 0800-51-7522
livraria@doadvogado.com.br
www.doadvogado.com.br

Impresso no Brasil / Printed in Brazil

Agradecimentos

Ao final desta etapa, gostaria de dividir minha conquista com aqueles que tornaram possíveis a realização e a publicação deste trabalho. Sendo assim, agradeço:

À Fundação Coordenação de Aperfeiçoamento de Pessoal de Nível Superior (CAPES), pelo apoio financeiro à minha pesquisa.

À Secretaria do Curso de Pós-Graduação em Direito da Universidade Federal de Santa Catarina (UFSC), na pessoa de suas funcionárias Rose, Gilvana e Melissa, pela dedicação e pelo carinho.

À Faculdade de Direito da Universidade Federal de Pelotas (UFPel) e à Escola de Direito da Universidade Católica de Pelotas (UCPel), na pessoa de seus diretores Lia Palazzo Rodrigues e Rubens Bellora, pelo incentivo à publicação deste trabalho.

Aos profs. Itiberê Oliveira Rodrigues e Pedro Moacyr Pérez da Silveira, por terem despertado em mim a importância da curiosidade científica, necessária a todo pesquisador.

Aos profs. Mário Lange Santiago, Paulo de Tarso Brandão e Edvaldo Santanna (Curso de Economia – UFSC), pelo inestimável auxílio à realização deste trabalho.

Dedico este livro

Ao prof. Fernando Noronha, meu mestre e amigo, com o qual tive o privilégio de conviver por cerca de um ano e meio. Agradeço, não apenas a orientação formal do meu trabalho, mas principalmente, o muito que aprendi com sua sabedoria de vida e simplicidade de alma, virtudes tão raras nos dias de hoje.

A *Kátya, Roni, André e Léo*, minha família em Florianópolis.

Aos *amigos que cativei* – e que me cativaram – em Florianópolis.

Ao *Edmundo*, querido amigo, pelo companheirismo e pela cumplicidade que conquistamos nesses dois anos e meio, e que hoje levamos em nossos corações apesar da distância.

Aos meus queridos amigos do *Movimento de Emaús*, pela amizade de todas as horas, e por me ensinarem que não é possível viver longe de Deus.

A *Daniella*, que, a cada dia, me faz um homem mais feliz.

Aos *meus pais, meu irmão e minha avó*, por tudo o que fizeram para que eu chegasse até aqui.

A *Deus*, pelo dom da minha vida!

"A consciência de nossas limitações é, definitivamente, uma consciência de nossa realidade. No meio da névoa da desesperança e da dúvida, é possível enfrentar as coisas cara a cara e lutar corpo a corpo por elas: a partir de nossas limitações, mas contra elas".

Eduardo Galeano

Lista de abreviaturas e siglas

AGERGS	Agência Estadual de Regulação dos Serviços Públicos Delegados do Rio Grande do Sul
ANATEL	Agência Nacional de Telecomunicações
ANEEL	Agência Nacional de Energia Elétrica
ANP	Agência Nacional de Petróleo
BCB	Banco Central do Brasil
CADE	Conselho Administrativo de Defesa Econômica
CBT	Código Brasileiro de Telecomunicações
CDC	Código de Defesa do Consumidor
CF	Constituição Federal
CNSP	Conselho Nacional de Serviço Público
COESQ	Código Estadual de Qualidade dos Serviços Públicos
CTN	Código Tributário Nacional
CUV	Cadastro de Usuários Voluntários
DNAEE	Departamento Nacional de Águas e Energia Elétrica
DPDC	Departamento de Proteção e Defesa do Consumidor
LDB	Lei de Diretrizes e Bases da Educação
LPDU	Lei de Participação e Defesa dos Usuários
PND	Plano Nacional de Desestatização
PNRC	Política Nacional de Relações de Consumo
PROCON	Procuradoria de Defesa do Consumidor
SEAE	Secretaria de Acompanhamento Econômico
SDE	Secretaria de Direito Econômico
TCU	Tribunal de Contas da União

Prefácio

Este é um livro sobre o controle dos serviços públicos de natureza comercial ou industrial, os únicos que, na concepção adotada pelo Autor, devem ser qualificados como "serviços públicos". Nesta concepção, as demais atividades estatais integrariam a categoria das chamadas "funções irrenunciáveis" do Estado. Pode-se não estar de acordo com tal concepção restritiva, mas não é possível deixar de reconhecer a extrema importância e atualidade da matéria que é objeto de análise.

Os serviços públicos de que o Autor se ocupa inserem-se numa área que é tanto do Direito Administrativo como do Direito do Consumidor: se não fossem serviços públicos, estariam induvidosamente sujeitos ao Código de Defesa do Consumidor. É preciso saber em que medida as especificidades do Direito Administrativo vão influir na respectiva disciplina jurídica. É preciso também saber qual será o regime prevalecente, na relação estabelecida entre a entidade prestadora do serviço (geralmente uma empresa pública, uma sociedade de economia mista, ou uma pessoa jurídica prestadora de serviços públicos) e os respectivos beneficiários, isto é, os particulares que se utilizam do serviço, que o Autor chama de consumidores-usuários (e que também poderiam ser designados de cidadãos-consumidores, por contraposição aos cidadãos-usuários dos "outros" serviços públicos, ou, como prefere o Autor, das funções irrenunciáveis do Estado).

Um tema importante que também é estudado é o relativo ao atual processo de privatização dos serviços públicos (isto é, pelo menos do nosso ponto de vista, os de natureza comercial ou industrial). Afirmando que "todo e qualquer usuário de serviço público será sempre um consumidor", o Autor preocupa-se com as implicações do processo de privatização e destaca muito bem que ele "envolve tão-somente a transferência da execução dos serviços para a iniciativa privada", enquanto a respectiva titularidade permanece nas mãos do Estado. Daí vem a necessidade de distinguir entre os agentes prestadores desses serviços (constituídos pelas empresas estatais e pelas empresas privadas prestadoras de serviços públicos) e os agentes controladores ou fiscalizadores, como são as agências reguladoras estatais (ANATEL, ANEEL etc).

É fecunda a idéia, também defendida pelo Autor, de que a participação dos consumidores no controle da prestação dos serviços públicos representa um exercício de cidadania ativa, com ênfase na afirmação da importância de se ter presente "que o *ser consumidor*, no sistema capitalista, é uma extensão do *ser cidadão*". Deste ponto de vista, critica a atual estrutura das agências reguladoras, em especial a falta de autonomia política frente ao Governo Federal e a sua fraqueza face ao descomunal poder econômico das empresas privadas prestadoras dos serviços e, por outro lado, analisa os projetos de lei em discussão no Congresso, relativos a uma futura Lei de Participação e Defesa dos Usuários dos Serviços Públicos.

O Autor é jurista inteligente, de elevada cultura, sólida formação moral e cívica e dotado de rara sensibilidade para os problemas sociais. Com essas qualidades, soube fazer deste trabalho não só a dissertação de Mestrado que brilhantemente defendeu na Universidade Federal de Santa Catarina, como também uma obra que decididamente merece ir além do costumeiro círculo de leitores dos trabalhos acadêmicos, para se abrir aos dilatados horizontes nacionais.

O vigor e a seriedade que põe na exposição e defesa de seus pontos de vista enriquecem muito o debate e não poderão ser ignorados por quem, no futuro, quiser voltar aos temas aqui discutidos. O Autor soube aproveitar bem a abundante bibliografia que consultou. Até as notas de rodapé inseridas no livro, pela profusão e riqueza, são muito úteis, não só por esclarecerem posições assumidas no texto como também por abrirem oportunas janelas para importantes domínios que, sem elas, poderiam passar despercebidos.

Esta é uma obra de manifesta atualidade, que desde as primeiras páginas *promete* e que, depois, não decepciona o leitor atento.

Florianópolis, julho de 2002.

Fernando Noronha
Professor dos cursos de graduação e
pós-graduação em Direito da UFSC

Apresentação

A presente obra é o resultado de minha dissertação de mestrado, submetida à defesa pública no Curso de Pós-Graduação em Direito da Universidade Federal de Santa Catarina, no dia 8 de agosto de 2000. Desde a defesa até a publicação do trabalho, algumas modificações foram feitas no texto original, tendo em vista o surgimento de novas obras tratando direta ou indiretamente do tema, e que foram inseridas na revisão iniciada logo após a defesa.

Os motivos que me levaram a pesquisar e escrever sobre o tema desta obra podem ser resumidos na seguinte constatação: embora o *microssistema jurídico* do Código de Defesa do Consumidor esteja centrado no *princípio da vulnerabilidade* – o qual deve ser observado em *qualquer* relação de consumo – o fato é que estas relações não são iguais, i. é, apresentam diferentes graus de desigualdade econômica, técnica e política entre consumidores e fornecedores de produtos e serviços.

Por exemplo, se pensarmos na relação de consumo envolvendo uma microempresa de um município e um consumidor, devemos levar em conta o *princípio da vulnerabilidade*, mesmo que entre o microempresário e o consumidor possa haver um contato direto (pessoal) para a compra e venda do produto ou serviço, e mesmo que possa não haver, entre eles, uma flagrante desigualdade social. Entretanto, se pensarmos nas relações de consumo envolvendo os consumidores do serviço público de telefonia fixa e uma prestadora desse serviço, não é necessário que façamos um grande esforço de raciocínio a fim de perceber a impessoalidade nesse tipo de relação jurídica (não há contato direto entre os sujeitos da relação), além da imensa desigualdade social (leia-se econômica, política e técnica) entre os consumidores e a prestadora. A *vulnerabilidade jurídica* dos consumidores estará presente de uma forma mais intensa do que no primeiro caso.

Assim, optei pelas relações de consumo envolvendo a prestação dos serviços públicos justamente porque elas se revestem desse alto grau de desigualdade social entre os consumidores (em sua maioria pessoas físicas) e as prestadoras dessas atividades econômicas. A bem da verdade, as relações de consumo envolvendo os serviços públicos, por sua natureza impessoal e desigual, submetem os consumidores ao poder gigantesco dos prestadores públicos ou, como atesta a época atual das privatizações, de empresas ou grupos de empresas (não raras vezes, de natureza *transnacional*).

Por essas e outras considerações, expostas ao longo dos capítulos deste livro, espero que o esforço empreendido na sua realização possa ser recompensado pelo interesse dos estudantes, professores e demais operadores jurídicos. Antes de qualquer coisa, desejo que o público leitor atente para a atualidade e relevância social do tema objeto desse trabalho. De fato, trata-se de uma matéria altamente complexa, de cunho *interdisciplinar* – que rompe com a tradicional dicotomia entre o direito público e o direito privado – e que busca analisar o direito positivo à luz da realidade sociopolítica de nosso país.

Assim sendo, agradeço desde já as críticas e sugestões que possam partir daqueles que se interessarem pelos posicionamentos adotados neste livro. Entendo-as absolutamente necessárias e sadias para o desenvolvimento do debate sobre este tema tão importante para a sociedade brasileira.

Pelotas, julho de 2002.

O Autor
fernando@paineljuridico.com.br
fecoaze@ig.com.br

Sumário

Introdução 23

Capítulo I – A prestação de serviços públicos no ordenamento jurídico brasileiro 27
1.1. O Direito Administrativo no Brasil e sua inserção no contexto do Estado Empresário 27
1.2. Os princípios do Direito Administrativo como fundamento para a prestação de serviços públicos ... 29
1.2.1. Princípio da supremacia do interesse público 30
1.2.2. Princípio da indisponibilidade do interesse público . 32
1.3. O conceito jurídico de serviço público a partir do sistema constitucional brasileiro 33
1.3.1. A interpretação conforme à Constituição e a noção de sistema constitucional 34
1.3.2. A interpretação lógico-sistemática do texto constitucional e o conceito jurídico de serviço público 36
1.3.3. Serviços públicos e funções irrenunciáveis do Estado 39
1.3.4. Serviços públicos e atividades econômicas em sentido estrito 42
1.3.5. Atividades consideradas como serviços públicos na Constituição de 1988 44
1.3.6. Serviços públicos em seu sentido técnico: atividades administrativas 47
1.4. Titularidade e execução: as formas de prestar serviços públicos 49
1.4.1. A execução direta 50
1.4.2. A execução indireta 53
1.4.3. O retorno das concessões no Brasil e o processo de privatização dos serviços públicos 54
1.5. A relação jurídica entre prestadores (públicos ou privados) e usuários de serviços públicos 62

Capítulo II – A tutela jurídica dos consumidores e a prestação dos serviços públicos 65
2.1. Motivações para o surgimento da tutela consumerista . 65
2.1.1. O fenômeno da massificação social 65

2.1.2. O princípio da vulnerabilidade dos consumidores .. 68
2.2. A tutela jurídica dos consumidores brasileiros: da Constituição de 1988 ao Código de Defesa do Consumidor 72
2.2.1. Exigência constitucional 72
2.2.2. Defesa do consumidor como princípio constitucional da Ordem Econômica 73
2.2.3. O Código de Defesa do Consumidor e o Direito Econômico 77
2.2.4. O conceito econômico de consumidor no CDC 82
2.3. A prestação de serviços públicos no Código de Defesa do Consumidor 82
2.3.1. O conceito genérico de serviço 83
2.3.2. A prestação de serviços públicos como princípio da Política Nacional de Relações de Consumo 84
2.3.3. A prestação de serviços públicos como direito básico do consumidor 85
2.3.4. A responsabilidade civil (objetiva) do Estado 86
2.3.5. Sanções administrativas sobre a prestação de serviços públicos no CDC 89
2.3.6. Direitos e obrigações dos consumidores-usuários: a relação entre o Código de Defesa do Consumidor e a Lei nº 8.987/95 90
2.3.7. A polêmica sobre a inserção das taxas como remuneração de serviços públicos no CDC 92
2.3.8. O Estado como fornecedor 95
2.3.9. A efetividade das normas jurídicas do CDC em meio às privatizações 96
2.4. A privatização de serviços públicos e a possibilidade de concorrência entre os prestadores privados 97

Capítulo III – A participação dos consumidores brasileiros no controle da prestação dos serviços públicos . 101
3.1. A participação dos consumidores como forma de exercício da cidadania 101
3.1.1. Evolução do conceito de cidadania e sua relação com a defesa dos consumidores 101
3.1.2. Os consumidores e o Estado Democrático de Direito 106
3.1.3. Os consumidores de serviços públicos e sua relação com a nova Administração Pública 108
3.2. A participação dos consumidores nas agências reguladoras 112
3.2.1. Localizando as agências reguladoras no atual contexto jurídico-político estatal 112
3.2.2. Agências reguladoras como espécie de agência estatal 115
3.2.3. Agências reguladoras e organizações sociais: distinções 120

3.2.4. A fiscalização a cargo dos consumidores na Lei 8.987/95 121
3.2.5. A ANATEL 122
3.2.6. A ANEEL 131
3.2.7. Prestador de serviço público como consumidor de
   energia elétrica 136
3.2.8. O Banco Central do Brasil é uma agência reguladora? 137
3.2.9. O papel da AGERGS no Rio Grande do Sul e a criação
   do Código Estadual de Qualidade dos Serviços Públicos 138
3.2.10. A relação entre a AGERGS e as agências reguladoras
   federais 142
3.3. A nova lei de participação e defesa dos usuários 144
3.3.1. Abrangência da LPDU e o conceito de serviços públicos 145
3.3.2. O serviço público adequado e os momentos onde se
   inscreve a participação dos usuários 147
3.3.3. Os direitos e deveres dos usuários e outras disposições 148
3.3.4. Os meios institucionais de participação dos usuários
   na LPDU 149
3.3.5. A LPDU e a efetividade das legislações anteriores .. 151

Considerações finais 155

Referências bibliográficas 163

Anexos
   Textos preliminares (anteprojeto e projeto) sobre
   a lei de participação e defesa dos usuários 172

Introdução

O objeto deste trabalho consiste no exame da *participação dos consumidores brasileiros no controle da prestação de serviços públicos*. Busca-se analisar, com base no ordenamento jurídico-constitucional e infraconstitucional, a possibilidade de os consumidores defenderem o direito a uma liberdade de escolha (art. 6º, II, do CDC) e a uma adequada e eficaz prestação de serviços públicos (art. 6º, X, do CDC), através da participação no âmbito das recentes agências reguladoras (federais e estaduais). Além disso, discutem-se os textos dos projetos sobre a futura Lei de Participação e Defesa dos Usuários, a qual poderá estimular ainda mais a participação dos consumidores de serviços públicos no âmbito da Administração Pública.

A fim de serem alcançados os objetivos específicos da dissertação, com a coerência e a lógica exigíveis na elaboração de um trabalho científico, adotou-se a seguinte divisão de capítulos: o primeiro capítulo (*A prestação de serviços públicos no ordenamento jurídico brasileiro*) pretende, primeiramente, demonstrar que a prestação de serviços públicos está vinculada aos princípios da supremacia e da indisponibilidade do interesse público. Em segundo lugar, busca definir o conceito jurídico de serviço público no texto da Constituição Federal. Em terceiro lugar, diferencia os serviços (públicos) das funções (irrenunciáveis do Estado) e das atividades econômicas em sentido estrito.

Expostas essas considerações iniciais, o capítulo passa a tratar das formas de prestação dos serviços públicos, onde busca diferenciar a titularidade da execução de serviços públicos (sendo esta subdivida em execução direta e indireta), e confirmar o processo de privatização dos serviços públicos como tendência responsável pelo retorno dos contratos de concessões no Brasil. Por fim, pretende mostrar porque a relação jurídica entre prestadores (públicos ou privados) e usuários (consumidores) configura-se como espécie de relação de consumo.

O segundo capítulo (*A tutela jurídica dos consumidores e a prestação de serviços públicos*) pretende, em linhas gerais, analisar a inserção da matéria atinente à prestação de serviços públicos no Código de Defesa do Consumidor. Para tanto, inicia com a análise dos motivos que levaram os Estados (inclusive o Brasil) a tutelar juridicamente os consumidores: o fenômeno da massificação social e o reconhecimento da vulnerabilidade dos consumidores nas relações de consumo.

Encerrada esta análise preliminar, passa-se ao estudo da tutela consumerista no Brasil. Inicialmente, o Código de Defesa do Consumidor é apresentado como fruto de uma exigência constitucional, expressa na forma de regras e princípios jurídicos como o princípio da defesa do consumidor (art. 170, V, da CF). As normas jurídicas do Código são entendidas como objeto de estudo do Direito Econômico e representam a intervenção estatal destinada a sobrepor o interesse público (defesa do consumidor) à dinâmica das relações de consumo, a qual está baseada em uma lógica econômica privatística (lucro).

Além disso, o capítulo pretende ainda apresentar o conceito jurídico-econômico de consumidor expresso no Código para, a seguir, analisar as normas jurídicas que contemplam a matéria dos serviços públicos. Por fim, pretende demonstrar a incidência de um ambiente competitivo entre as empresas privadas prestadoras de serviços públicos, bem como a necessidade de garantir a efetivação dos princípios da livre concorrência e defesa do consumidor.

O terceiro e último capítulo (*A participação dos consumidores brasileiros no controle da prestação dos serviços públicos*) destina-se a apresentar o objeto central desta dissertação, com base nas considerações feitas nos capítulos anteriores. Especificamente, visa a abordar as seguintes questões: o reconhecimento de que a participação dos consumidores, como parceiros do Estado (leia-se Administração Pública) no controle da prestação de serviços públicos, representa o exercício da cidadania ativa; a definição de controle, enquanto atuação junto às agências reguladoras federais ou estaduais; a contextualização jurídico-política das agências reguladoras e a distinção entre estas e outras pessoas jurídicas públicas e privadas.

Bem delimitado o conceito de agências reguladoras, o capítulo pretende apresentar a estrutura e o funcionamento das recentes agências federais – que se encontram dispostas nas legislações sobre os serviços públicos de telecomunicações e energia elétrica – e verificar a possibilidade de participação dos consumidores no âmbito dessas e das agências estaduais (destacando-se a agência reguladora do Rio Grande do Sul – AGERGS – e a inovação do Código Estadual de Qualidade dos Serviços Públicos).

Por fim, o capítulo fará uma análise dos textos normativos (projeto e anteprojeto de lei) que dispõem sobre o provável conteúdo da futura Lei de Participação e Defesa dos Usuários, privilegiando os dispositivos legais relativos: ao âmbito de validade da Lei; à abrangência dos usuários *lato sensu* (consumidores e usuários-contribuintes); às finalidades da participação dos usuários; aos direitos e deveres dos usuários; aos meios institucionais de participação dos usuários; à efetividade da Lei em relação a legislações anteriores, como as responsáveis pela regulamentação da ANATEL e da ANEEL.

Para a realização da dissertação, a metodologia de abordagem não constou apenas de um, mas de dois métodos, visto que, no decorrer do trabalho alternaram-se os métodos *indutivo e dedutivo*, motivo pelo qual é referida a utilização de ambos. Para a metodologia de procedimento, adotou-se o método *analítico-descritivo*. E sobre as técnicas de pesquisa, foram empregadas a *bibliográfica (doutrina) e a documental (análise de legislação e projetos de legislação)*.

A intenção deste trabalho é, na verdade, tecer *prévias considerações* acerca do tema escolhido. Dizem-se *prévias considerações*, porque não se pretende dar por encerrados os estudos sobre o assunto, tendo em vista, em primeiro lugar, as delimitações adotadas por este pesquisador. Em segundo lugar, pela atualidade do tema, aspecto importante, no qual se deposita a esperança de que as idéias e os posicionamentos aqui defendidos despertem a curiosidade e o interesse dos operadores jurídicos, estimulando a produção do debate e a realização de novas pesquisas.

Capítulo I

A prestação de serviços públicos no ordenamento jurídico brasileiro

1.1. O Direito Administrativo no Brasil e sua inserção no contexto do Estado Empresário

Compreender o Direito Administrativo como ramo autônomo da Ciência Jurídica requer um necessário recorte histórico. Trata-se de observar a atividade administrativa do Estado a partir do momento em que o Direito impõe limites ao poder político daquele através da existência de um texto constitucional. Em outros termos, o surgimento do Direito Administrativo, nos moldes considerados, confunde-se com o aparecimento do Estado Liberal clássico.[1]

Assim, mesmo que se reconheça a existência de uma estrutura administrativa, não cabe falar em Direito Administrativo no período medieval,[2] e nem mesmo durante o período da primeira construção do Estado Moderno, que abrigou as Monarquias Absolutistas.[3] Isto porque todo poder político era *personalizado*, i. e., estava concentrado na figura do *soberano*,[4] cuja máxima

---

[1] TÁCITO, 1997, p. 1.
[2] MOREIRA NETO, 1974, p. 57.
[3] DALLARI, 2000, p. 51; e AQCUAVIVA, 1994, p. 03. O Estado Moderno é entendido, aqui, como o Estado Nação. Por isso é que pode-se incluir os Estados Absolutistas neste conceito – embora muitos autores atribuam o surgimento do Estado Moderno ao Estado Constitucional de Direito (Estado Liberal clássico).
[4] O Estado Absolutista teve, como um de seus maiores defensores, o inglês Thomas Hobbes. Considerado um dos precursores do jusnaturalismo, reconhece, em sua obra *O Leviatã*, a existência de um Direito Natural e de um Direito Positivo, sendo que este deve prevalecer sobre o primeiro. Para Hobbes, a lei natural não tem caráter jurídico, pois a vontade do soberano está

pode ser expressa na afirmação do rei Luís XIV: *L'État c'est moi.*

No Brasil, o Direito Administrativo desponta realmente a partir da chamada *Segunda fase da República*, iniciada após a "Revolução de 1930".[5] A partir desse período, assiste-se à consagração constitucional dos direitos sociais, culturais e econômicos, bem como à inserção, inédita até então, de um capítulo sobre a *Ordem Econômica* na Constituição (1934).[6] A Carta de 1934 inova em relação à anterior (1891), ao apresentar o Estado enquanto *empresário,* i. é., interventor direto na prestação de atividades que, a princípio, poderiam ser desempenhadas pela iniciativa privada.[7]

O Direito Administrativo brasileiro assume, a partir dessa Constituição, uma nova feição, devido ao crescimento da *máquina estatal* (leia-se o aumento de

---

fora do Direito. O soberano é quem determina a validade de seus mandamentos, estes sim, de natureza jurídica, verdadeiro direito positivo do Estado (Cf. ARGÜELLES, 1984, p. 47).

[5] No período *colonial,* o Brasil esteve submetido às instituições portuguesas. No *império,* em que pese a existência de uma administração pública mais organizada do que aquela do período colonial, a jurisdição administrativa era atribuída a um Conselho de Estado onde ao Imperador cabiam as decisões, sendo a estrutura administrativa regida por regras de direito privado. Por fim, a primeira fase da *república,* inspirada no modelo norte-americano, pouco contribuiu para o desenvolvimento do Direito Administrativo que se conhece nos dias de hoje.

[6] No início do segundo capítulo (item 2.2.2), serão feitos breves comentários acerca do que venha a ser uma 'ordem econômica' em relação à Constituição. Para uma análise menos dogmática sobre a transição entre a primeira e a segunda fase do regime republicano no Brasil, v. WOLKMER, 1989, p. 28-35 e p. 123-132.

[7] O Título IV da Constituição de 1934 (que abrange os arts. 115 a 143) traz inovações históricas, como a intervenção do Estado em atividades de execução exclusiva da iniciativa privada (art. 116) e a garantia dos direitos sociais trabalhistas (art. 121, §§ 1º e 2º). Principalmente no que toca à ordem econômica, o Estado recebeu a denominação de *empresário,* na medida em que passou a prestar certas atividades, impulsionado por um *interesse ou motivação econômica,* quais sejam, os *serviços públicos* e as *atividades econômicas em sentido estrito.* Sobre a distinção entre estas duas espécies de atividades econômicas do Estado tratará, ainda neste capítulo, o item nº 1.3.4. De momento, resta observar que a prestação de *serviços públicos,* além da motivação econômica, encontra fundamento na satisfação, pela Administração Pública, do interesse público (do Estado) o qual, neste caso, identifica-se com a prestação de comodidades materiais *aos cidadãos* para a melhora da condição de vida dos mesmos.

funcionários públicos, e a criação de *novas pessoas jurídicas públicas*, a saber, as *autarquias*),[8] no intuito de bem executar tais atividades, estranhas ao campo de atuação estatal.[9]

Em suma, o Direito Administrativo brasileiro, a partir das modificações jurídico-políticas ocorridas no início da segunda fase do regime republicano, identifica-se, não apenas com as normas jurídicas[10] relativas às antigas atividades administrativas – como o *poder de polícia* – mas, também, com as normas jurídicas que dispõem sobre as *novas* atividades administrativas, a saber, a *prestação de atividades econômicas* (dentre as quais, os *serviços públicos*). Tais atividades não se realizarão, entretanto, sem a concordância com o conteúdo de certos *princípios jurídicos*, específicos à atividade administrativa.

1.2. Os princípios do Direito Administrativo como fundamento para a prestação de serviços públicos

Assim sendo, importa considerar que o estudo do Direito Administrativo está submetido a diversos princípios jurídicos, em especial o princípio da *legalidade:* a

---

[8] Sobre as autarquias como pessoas jurídicas de direito público, Oswaldo Aranha Bandeira de Mello desenvolve raciocínio que não poderia ser ignorado. Afirma, pois, o autor: "A palavra autarquia foi transplantada do grego para a língua de origem latina moderna, e, em primeiro lugar, para a língua italiana. É formada por dois elementos justapostos *autos* (próprio) e *arquia* (comando, governo, direção). Portanto, etimologicamente, significa comando próprio, governo próprio, direção própria. Cogitam essas pessoas jurídicas de direito público de levar a bom termo as atribuições que lhe são conferidas pelo Estado como próprias, e, dessa forma, correspondem a órgãos indiretos do Estado, dotadas de personalidade. Na verdade, o interesse peculiar de uma autarquia é, outrossim, interesse do Estado" (Cf. BANDEIRA DE MELLO, 1969, p. 186).

[9] Destaque-se, nesse período, a criação do DASP (Departamento Administrativo do Serviço Público). Para maiores detalhes sobre a criação e desenvolvimento deste órgão, v. GOUVÊA, 1994, p. 99-108.

[10] Segundo o entendimento de Hely Lopes Meirelles, o Direito Administrativo pode ser equiparado ao conjunto de regras e princípios jurídicos "... *que regem os órgãos, os agentes e as atividades públicas tendentes a realizar concreta, direta e imediatamente os fins desejados pelo Estado*". (Cf. MEIRELLES, 1994, p. 29).

Administração Pública só pode agir nos limites estabelecidos pela lei. Além deste princípio, deve-se privilegiar a análise de mais dois em especial, pois além da estreita relação que mantêm com o primeiro, encontram-se ainda diretamente vinculados a um conceito de vital importância para a prestação de *serviços públicos*, a saber, o conceito de *interesse público*.[11]

Sendo interesse *do Estado*, o conceito de interesse público deve ser compreendido desde uma perspectiva *histórica*. Desta feita, não parece correta a afirmação de que existam interesses públicos *objetivos* (interesses *em si mesmos*). O interesse público só se torna um interesse *juridicamente relevante* a partir do momento em que, procedendo-se a uma *valorização pelo poder público* em determinado contexto histórico, o resultado da mesma se possa exprimir através de uma *norma jurídica*. Em suma, o interesse público (interesse *subjetivo*, interesse *do Estado*) é conhecido *apenas através da lei*. É o texto legal que confere valor jurídico ao interesse público e obriga a Administração Pública a agir conforme certos princípios jurídicos específicos.

1.2.1. Princípio da supremacia do interesse público

Há um certo grau de desigualdade entre a Administração Pública e os administrados, decorrente de um

---

[11] Por interesse público entende-se o interesse *do Estado*, uma vez que este é uma *pessoa jurídica de direito público*. Por esta razão, é necessário que se faça uma ressalva sobre a expressão *interesse da Administração Pública*. Segundo Celso Antônio Bandeira de Mello, a Administração Pública exerce apenas *função administrativa*, i. é., sua existência está condicionada a um *dever-poder* de "... *satisfazer dadas finalidades em prol do interesse de outrem*". (Cf. BANDEIRA DE MELLO, 1999, p. 31). A Administração Pública age no *interesse de outrem* (leia-se, interesse *do Estado*). O Estado, enquanto pessoa jurídica de direito público, é representado por uma de suas extensões, a saber, a *Administração Pública*. Esta, no exercício de suas *funções administrativas*, age no sentido de satisfazer os interesses da pessoa do Estado. Expostas estas observações, deve-se enfatizar que o interesse público poderá ou não estar relacionado a um interesse *social* (satisfação de necessidades sociais). É o que ocorre, p. ex., na prestação de serviços públicos: o interesse do Estado identifica-se com interesses sociais, mas nem todo interesse público é interesse social. Essa opinião é defendida também por AGUILLAR, 1999, p. 120, cuja obra perpassa praticamente todo este trabalho.

regime jurídico de *privilégio (supremacia)* da primeira em relação aos últimos. Segundo o raciocínio de Celso Antônio Bandeira de Mello,

"O princípio da supremacia do interesse público sobre o interesse privado é princípio geral de Direito inerente a qualquer sociedade. É a própria condição de sua existência. Assim, não se radica em dispositivo específico algum da Constituição, ainda que inúmeros aludam ou impliquem manifestações concretas dele, como, por exemplo, os princípios da função social da propriedade, da *defesa do consumidor* ou do meio ambiente (art. 170, III, V e VI), ou em tantos outros"[12] (grifamos).

Através do mencionado princípio, a Administração Pública poderá agir, no cumprimento de suas funções administrativas e *nos limites estabelecidos pela lei (princípio da legalidade)*, a fim de, p. ex., constituir terceiros em obrigações mediante atos unilaterais (imperativos),[13] ou de *revogar os próprios atos, quando inconvenientes ou inoportunos*, ou ainda, de *anular atos inválidos* em atitude de *autotutela administrativa*.[14]

É importante ressaltar que não se justifica o regime jurídico de privilégio (supremacia) da Administração Pública, senão para garantir a efetivação do interesse público. Ou seja, a *supremacia* é exercida *pela* Administração Pública para salvaguardar interesse *do Estado*. O princípio em questão é, nesse sentido, fundamento para a existência da desigualdade jurídica entre a Administração Pública – que atua para satisfazer o interesse público (*do Estado*) – e os administrados, em seus interesses individuais.

---

[12] BANDEIRA DE MELLO, 1999, p. 55.
[13] *Idem, ibidem*. Exemplo claro de um ato administrativo unilateral (imperativo), em cumprimento ao princípio da supremacia do interesse público, configura-se na intervenção estatal na propriedade privada, em especial, no ato de declaração de utilidade pública, expedido em meio ao processo de *desapropriação*.
[14] *Idem, ibidem*.

1.2.2. Princípio da indisponibilidade do interesse público

Este princípio não é, senão, decorrência do primeiro. Assim, se a Administração Pública não possui interesse próprio, mas age para satisfazer o interesse do Estado, então os agentes administrativos não têm o direito de dispor desse interesse como se o mesmo estivesse livre para apropriação privada. Aos órgãos e agentes administrativos cabe, antes de mais nada, o *dever de curá-lo nos termos da finalidade a que estão adstritos.*[15]

Esses são, pois, os princípios jurídicos *diretamente vinculados* à noção de interesse público e que regem, juntamente com o princípio da *legalidade*, a prestação de serviços públicos no âmbito do Direito Administrativo.[16] A atividade prestacional de serviços públicos surge, desta maneira, como espécie de atividade *da Administração Pública*, que, como visto, não age senão em nome do interesse público.

Uma vez aclarado o conceito de *interesse público* e definidos os princípios jurídicos que lhe são peculiares, deve-se precisar o que venham a ser *serviços públicos*. Tendo em vista a vinculação entre a prestação de serviços públicos e o interesse público que, em determinada época, justifica tal prestação, tem-se, como acertada, a idéia de que, assim como não há interesse público em si mesmo ou por natureza, e sim, um interesse público *declarado normativamente*, também não existe um conceito de serviço público em si mesmo, pois este conceito será sempre o resultado do que o intérprete do Direito

---

[15] *Idem*, p. 33.

[16] Dos três princípios jurídicos analisados, apenas o primeiro (princípio da legalidade) encontra-se positivado na Constituição, em especial, como princípio geral da Administração Pública. Quanto aos outros dois, conforme a afirmação supracitada de Celso Antônio Bandeira de Mello, constituem-se em princípios jurídicos cuja positivação constitucional não se encontra senão implícita em outras normas jurídicas da Constituição. Sobre o rol de princípios gerais da Administração Pública dispõe o art. 37, *caput*, da Constituição Federal, sendo que no decorrer do trabalho será dado ainda menção especial ao princípio da *eficiência*.

descobrir no âmbito do ordenamento jurídico, onde a Constituição deverá ser analisada em primeiro lugar.[17]

1.3. O conceito jurídico de serviço público a partir do sistema constitucional brasileiro

Para que se possa entender o que venha a ser *serviço público*, faz-se necessário, em primeiro lugar, observar a natureza dos conceitos existentes, de longa data, na doutrina brasileira. Sobre o assunto, expõe Fernando Herren Aguillar:

"... as definições correntes sobre serviço público têm tido caráter meramente didático, visto que não se trata de conceitos ou definições de ordem jurídica. Remetem a generalizações daquilo que os doutrinadores têm visto ao longo do tempo como serviço público, ou filiam-se a remotas tradições que são perpetuadas sem a necessária crítica".[18]

De fato, o autor critica o que denomina de *conceituações essencialistas,* as quais restringem a análise do intérprete na fixação de critérios abstratos como *bem comum, necessidade coletiva,* etc. Agindo assim, o intérprete corre

---

[17] A prestação de serviços públicos (serviços *do Estado*) e o conceito de interesse público (interesse *do Estado*) estão, antes de mais nada, vinculados ao *princípio da legalidade.* Como visto, a Administração Pública realiza, na prestação desses serviços, o interesse público do Estado. Entretanto, o agir administrativo, em que pese a parcela de discricionariedade presente em alguns atos da Administração, deverá estar vinculado aos limites da lei, ou seja, deverá respeitar o *princípio da legalidade.* Entende-se que a descoberta do conceito jurídico de serviço público deve partir da Constituição por ser esta a lei maior de qualquer ordenamento jurídico. Se a Constituição for esquecida, em detrimento de uma lei infraconstitucional, corre-se o risco do conteúdo desta lei não estar de acordo com os princípios e regras constitucionais que, como se sabe, devem orientar o restante do ordenamento jurídico. Se a Constituição nada dispõe sobre serviços públicos, deixando que uma lei ordinária ou complementar cuide da matéria, apenas neste caso o intérprete pode, sem riscos, buscar o conceito de que se trata fora do Texto Maior. Entretanto, o trabalho demonstra que, uma vez procedida uma leitura da Constituição de 1988, é possível extrair do seu texto não apenas o conceito de serviço público, como também as condições para que se desenvolva sua prestação.
[18] AGUILLAR, 1999, p. 117.

o risco de se descuidar daquilo que é mais importante: o fato de o conceito de serviço público estar vinculado – assim como o próprio conceito de interesse público – à *valoração histórica* do Estado,[19] expressa *normativamente (princípio da legalidade)* na Constituição ou em uma lei infraconstitucional. Nesse sentido, afirma Aguillar :

"Em nossa organização social contemporânea não se pode falar em desconsideração da lei em sentido amplo sem entrar em colisão com valores tidos como fundamentalmente democráticos. Por isso, toda discussão sobre o conceito de serviço público tem como respaldo elementar em nossos dias aquilo que está previsto no ordenamento jurídico".[20]

Rejeitadas assim as conceituações que expressem, em alguma medida, certas presunções de validade *universal*, conclui-se que o conceito de serviço público será o que a *lei* – em especial a Constituição – definir como tal.

1.3.1. A interpretação conforme à Constituição e a noção de sistema constitucional

O conceito jurídico de serviço público prende-se à interpretação do texto constitucional sobre a matéria, podendo-se afirmar, sem hesitação, que a definição do

---

[19] Sobre a *relatividade* do conceito de serviço público, cabe citar a observação da profa. Dinorá Adelaide Musetti Grotti: "As instituições jurídicas estão intimamente vinculadas às relações entre o Estado e a Sociedade existentes no momento histórico em que se desenvolvem. Estas relações são dinâmicas e se alternam de acordo com as circunstâncias ideológicas, políticas, sociais e econômicas que se vão apresentando nas distintas épocas e nos diferentes países. E as instituições jurídicas nunca se mantêm incólumes frente às transformações, pois, para poderem sobreviver, precisam adaptar-se às exigências da realidade. A idéia de serviço público é um bom exemplo deste processo de adaptação das transformações operadas no curso deste século, pois é possível detectar-se um fio histórico que conduz desde o seu conceito político até sua posterior funcionalidade jurídica" (GROTTI, 2000, p. 39).

[20] *Idem*, p. 123. No mesmo sentido, Dinorá Adelaide Musetti Grotti sustenta que "A qualificação de uma dada atividade como serviço público remete ao plano da escolha política, que pode estar fixada na Constituição do país, na lei, na jurisprudência e nos costumes vigentes em um dado momento. Deflui-se, portanto, que não há um serviço público por natureza" (GROTTI, 2000, p. 45).

conceito jurídico de serviço público é, antes de mais nada, uma questão de *hermenêutica constitucional*. A Constituição pode ser definida, segundo Streck, como o *topos hermenêutico que conformará a interpretação jurídica do restante do sistema jurídico*[21] Como fundamento desta afirmação, o autor defende a existência do *princípio da interpretação conforme à Constituição*:

"Alçado à categoria de princípio, a interpretação conforme à Constituição é mais do que princípio, *é um princípio imanente da Constituição, até porque não há nada mais imanente a uma Constituição do que a obrigação de que todos os textos normativos do sistema sejam interpretados de acordo com ela*".[22]

Paulo Schier, adotando o mesmo raciocínio,[23] prefere chamar o supracitado princípio de *filtragem constitucional*:

"Utiliza-se a expressão 'Filtragem Constitucional' em virtude de que ela denota a idéia de um processo em que toda ordem jurídica, sob a perspectiva formal e material, e assim os seus procedimentos e valores, devem passar sempre e necessariamente pelo filtro axiológico da Constituição Federal, impondo, a cada momento de aplicação do Direito, uma releitura e atualização de suas normas".[24]

Percebe-se, nas definições dos dois autores, a referência à Constituição enquanto *sistema constitucional*. Neste sentido, é relevante a preocupação de Paulo

---

[21] STRECK, 1999, p. 215.
[22] *Idem*, p. 221.
[23] A idéia de uma interpretação conforme à Constituição pressupõe, para ambos os autores, a existência do que Konrad Hesse denominou de *a força normativa da constituição*. Hesse, que não negou os processos históricos ou *fatores de poder* (Ferdinand Lassalle) que influenciam a elaboração e mesmo a modificação de uma Constituição, também sustentou a tese de que os aplicadores do Direito devem orientar suas condutas segundo a ordem normativa estabelecida no texto constitucional. A força normativa não representa a letra fria da lei, mas passa pela *vontade humana*, capaz de garantir que as forças sociais e históricas não se sobreponham à normatividade do texto constitucional. (Cf. HESSE, 1991, p. 9-32).
[24] SCHIER, 1999, p. 104 (nota nº 05).

Bonavides em considerar o *sistema constitucional* como fórmula de conciliação entre as duas dimensões de um texto constitucional, quais sejam, a política e a jurídica.[25]

Ou seja, o sistema constitucional é o *locus* da síntese entre o jurídico e o político. Guarda, não apenas as *regras* jurídicas, mas os valores maiores pelos quais devem estar de acordo todo o ordenamento jurídico infraconstitucional, quais sejam, os *princípios*.[26]

O princípio da *interpretação conforme à Constituição*, compreendida esta como um sistema de regras e princípios jurídicos, se presta a harmonizar o ordenamento jurídico infraconstitucional com o texto constitucional. Não cabe, entretanto, confundi-lo com a interpretação do próprio texto constitucional.[27]

1.3.2. A interpretação lógico-sistemática do texto constitucional e o conceito jurídico de serviço público

Tratando-se de um *sistema*, a Constituição apresenta-se como um "...*conjunto organizado de partes, relacionadas entre si, e postas em mútua dependência*".[28] Existe, pois, uma coerência na disposição das normas dentro deste sistema isoladamente considerado.[29]

O princípio da *interpretação conforme à Constituição*, como demonstrado, orienta a interpretação do texto

---

[25] BONAVIDES, 1998, p. 77. Paulo Schier, em relação à importância da Constituição enquanto sistema para a eficácia de sua *filtragem constitucional*, afirma que "... estas novas dimensões da dogmática jurídica constitucional decorrem especificamente do discurso da força normativa da Constituição e da compreensão da Constituição enquanto sistema" (Cf. SCHIER, 1999, p. 100).

[26] Trata-se, aqui, da classificação das normas jurídicas em *regras e princípios*. Defendida inicialmente por Ronald Dworkin (Cf. DWORKIN, 1989, p. 61-94) foi sustentada posteriormente por Robert Alexy (Cf. ALEXY, 1993, p. 81-86), o qual classificou as normas fundamentais (constitucionais) em regras e princípios, sendo estes condicionantes das primeiras.

[27] BONAVIDES, 1998, p. 474.

[28] *Idem*, p. 89.

[29] Sobre a necessidade de um ordenamento jurídico enquanto sistema *coerente* de normas jurídicas, valem as palavras de Norberto Bobbio: "Para que se possa falar de uma ordem, é necessário que os entes que a constituem não estejam somente em relacionamento com o todo, mas também num relacionamento de coerência entre si" (Cf. BOBBIO, 1997, p. 71).

constitucional com o ordenamento jurídico infraconstitucional. Cabe, agora, apresentar outro método hermenêutico, onde o vocábulo "sistema" surge como ponto de referência para a interpretação de *um* texto legal específico (no caso, a Constituição). Trata-se, segundo Bonavides, do método *lógico-sistemático*, que busca o sentido do preceito jurídico de acordo com o contexto onde o mesmo se acha inserido no sistema normativo.[30]

Seguindo o método lógico-sistemático, e no que toca à prestação de *serviços públicos*, a interpretação não poderá fugir ao conceito de *sistema* enunciado há pouco. Na Constituição Federal, a norma jurídica base para a interpretação e obtenção do conceito de serviço público é o art. 175.[31] Assim, se esta norma jurídica não deve ser interpretada apenas de forma literal, mas tendo em vista o sistema onde a mesma está inserida,[32] chega-se à conclusão de que o seu verdadeiro sentido será descoberto pelo intérprete, segundo sua inserção no Título e Capítulo correspondentes ao texto constitucional.[33]

---

[30] BONAVIDES, 1998, p. 405. Para o Prof. Juarez Freitas, a interpretação sistemática é "...o processo hermenêutico, por excelência, do Direito, de tal maneira que se pode asseverar que ou se compreende o enunciado jurídico no plexo de suas relações com o conjunto dos demais enunciados, ou não se pode compreendê-lo adequadamente. Neste sentido, é de se afirmar, com os devidos temperamentos, que a interpretação jurídica é sistemática ou não é interpretação" (Cf. FREITAS, 1995, p.49).

[31] Dispõe o art. 175 da Constituição Federal: "Incumbe ao Poder Público, na forma da lei, diretamente ou sob regime de concessão ou permissão, sempre através de licitação, a prestação de serviços públicos".

[32] A interpretação literal é aquela que considera apenas o sentido das palavras contidas no texto da norma jurídica. Trata-se de um método muito restrito, pois isola a norma, objeto de análise, do seu contexto normativo. Segundo Eros Roberto Grau, "A interpretação de qualquer norma da Constituição impõe ao intérprete, sempre, em qualquer circunstância, o caminhar pelo percurso que se projeta a partir dela – da norma – até a Constituição. Uma norma jurídica isolada, destacada, desprendida do sistema jurídico, não expressa significado normativo algum" (Cf. GRAU, 2000, p. 181-182).

[33] Segundo Paulo Nader, o elemento lógico da interpretação jurídica pode ser visualizado como *lógica interna* ou *lógica externa*. No presente caso, trata-se da utilização do elemento lógico como *lógica interna*. Sobre esta, pronuncia-se o autor: "Pela *lógica interna* o intérprete submete a lei à ampla análise, considerando a própria *inteligência* do texto normativo (...) Seguindo-se os critérios da lógica interna, o intérprete pode examinar a *economia geral da lei*, verificando o lugar onde se situa a norma jurídica, em que seção, capítulo e título, o que pode favorecer a fixação do seu sentido e alcance" (Cf. NADER, 2000,

Através de uma interpretação *literal* do texto constitucional, podem-se apontar alguns elementos necessários, porém, insuficientes para o reconhecimento do conceito jurídico de serviço público.[34] Reconhece-se, pois, que a titularidade dessas atividades pertencem ao Estado (*"Incumbe ao Poder Público* (...) *a prestação de serviços públicos"*), mas não necessariamente a execução (*"...na forma de lei, diretamente ou sob regime de concessão ou permissão"*), que poderá ser delegada, mediante prévio procedimento administrativo (*"... sempre através de licitação..."*).

Existe, porém, um elemento implícito que só pode ser descoberto através da interpretação lógico-sistemática, qual seja, o de que *todos os serviços públicos são espécies de atividade econômica*.[35] Por certo, esta afirmação evidencia uma postura minoritária, onde o conceito jurídico de serviço público tende a ser por demais *restrito*, se comparado às tradicionais classificações conhecidas nas obras de Direito Administrativo.

Assim, fruto desta postura, deve-se admitir que muitas atividades desempenhadas pelo Estado, e que a doutrina jurídica tradicional insiste em classificar como *serviços* estatais (serviços públicos), perdem a qualifica-

---

p. 268-269). Sobre a aplicação do método lógico-sistemático à norma jurídica contida no art. 175 da Constituição, é de se observar que a norma em questão encontra-se imediatamente inserida no Capítulo I (*Dos Princípios Gerais da Atividade Econômica*) do Título VII da Constituição (*Da Ordem Econômica e Financeira*), o que não deixa dúvidas sobre a natureza econômica dos serviços públicos.

[34] FREITAS, 1995, p. 53-54.

[35] A expressão 'atividade econômica" não encontra definição clara na doutrina jurídica. Para Eros Roberto Grau, ela está entre aquelas expressões onde a linguagem jurídica apresenta uma *textura aberta* (Cf. GRAU, 2000, p. 131). Ou seja, para o autor, a expressão apresenta, em si mesma, uma amplitude conceitual. Por isso, afirma que "... o ato de interpretação é praticado, como abaixo também observo, no nível do contexto linguístico" (*Idem*, p. 132). O *contexto* ao qual se refere o autor parece ser o texto constitucional. Daí sua atitude em identificar os serviços públicos como *uma das espécies do gênero atividade econômica em sentido amplo*. Os serviços públicos são atividades que, prestadas diretamente pelo Estado, ou sendo delegadas à iniciativa privada, visam a alcançar dois objetivos bem específicos: a satisfação do interesse público (interesse do Estado, porém em prol dos cidadãos) e proporcionar vantagem econômica (*lucro*) a seus prestadores – sendo que o primeiro objetivo deve prevalecer sobre o segundo.

ção de serviços, por lhes faltar a natureza econômica, além dos requisitos formais exigidos pela atual Constituição (art. 175).[36]

1.3.3. Serviços públicos e funções irrenunciáveis do Estado

Para que a postura adotada – de que *todos os serviços públicos são espécie de atividade econômica* – obtenha total compreensão, faz-se necessário proceder à devida distinção entre *serviços públicos* e *funções irrenunciáveis do Estado*.

Com efeito, Paulo Modesto afirma que existem, no ordenamento jurídico constitucional, serviços que terão natureza pública *apenas quando o Estado os prestar*. Tais são os "serviços" de saúde e educação que, de acordo com os arts. 199 e 209 da CF, podem ser prestados pela iniciativa privada, sem que a mesma tenha de se submeter a contratos de concessão.[37] O autor comete, segundo o posicionamento adotado neste trabalho, o equívoco de querer interpretar o que venha a ser serviço público segundo os critérios *essencialistas* – bastante utilizados, como já demonstrado, pelos autores tradicionais de Direito Administrativo – descuidando-se do esforço em torno da hermenêutica constitucional.

Pela interpretação da Constituição é possível demonstrar que os serviços públicos são atividades econômicas. Desta feita, a prestação, pelo Estado, de *educação* e *saúde pública* não pode ser serviço público, pois não está presente a relação *econômica* entre o Estado e os cidadãos. As atividades de prestação de educação e saú-

---

[36] Cabe observar que a Constituição, além de ter definido o conceito de serviços públicos, cumpriu ainda a tarefa de explicitar as condições sob as quais deverá ocorrer a prestação dos mesmos (art. 175). Quanto à sujeição da prestação dos serviços públicos aos princípios da *supremacia do interesse público* e da *indisponibilidade do interesse público*, resta dizer que esta sujeição não descaracteriza o caráter econômico dos serviços públicos, mas apenas evidencia a subordinação da Administração Pública (ou dos particulares concessionários), enquanto prestadores agindo em nome do Estado, aos limites impostos para a prestação dessas atividades.
[37] MODESTO, 1997, p. 208.

de pública são, pois, *funções irrenunciáveis do Estado*.[38] São atividades *não-econômicas* cuja prestação estatal tem, por via de regra, o condão de garantir a efetivação de direitos fundamentais consagrados no Texto Maior.[39]

Seu traço comum com os *serviços* (públicos) diz respeito à *não-exclusividade* de sua prestação pelo Estado. Ou seja, o Estado não pode, em hipótese alguma, abster-se do dever de garantir a efetivação destas *funções* para os cidadãos, o que caracteriza a *irrenunciabilidade*.[40]

Cumpre observar, então, que a iniciativa privada poderá, não obstante os limites legais, também prestar as atividades tendentes a efetivar os direitos fundamentais à educação e à saúde públicas.[41] Neste caso, porém, não incide sobre a prestação privada as condições expressas no art. 175, *caput*, da Constituição (vinculação entre o prestador privado e o Estado por meio de contrato de concessão ou ato de permissão), pois a

---

[38] O posicionamento adotado neste trabalho segue a opinião do Prof. Fernando Herren Aguilar. Neste sentido, afirma o autor: "Se saúde e educação fossem serviços públicos, não poderiam ser livremente desempenhados pela iniciativa privada, ou então o art. 175 da Constituição teria de ser tomado como letra morta, o que é inadmissível. Saúde e educação são, pois, funções irrenunciáveis do Estado (...) mas que na atual sistemática constitucional podem ser desempenhadas livremente pela iniciativa privada. Não são serviços públicos em sentido estrito, mas *funções* do Estado" (Cf. AGUILLAR, 1999, p. 139).

[39] Tratam-se, dentre outros, dos direitos fundamentais, de cunho social, consagrados no art. 6º da Constituição: "São direitos sociais a *educação*, a *saúde* (...) a *segurança*... ". Segundo os arts. 196 e 205 da Constituição, é *dever do Estado* garantir estes direitos (saúde e educação, respectivamente). É importante salientar que o *dever estatal* não se confunde apenas com o dever de *prestar*, mas com o dever de *garantir* a efetivação desses direitos. O dever de garantia refere-se, dentre outras coisas, ao dever de *regulamentar (criação legislativa)* e ao dever de *regular (fiscalizar)* tanto a sua própria prestação, desempenhada pela Administração Pública, quanto a prestação dos *serviços privados* de saúde, educação, etc.

[40] "Não se deve confundir *exclusividade* com *irrenunciabilidade*. As funções públicas nem sempre são desempenhadas exclusivamente, por mais essenciais que sejam aos olhos da generalidade das pessoas. O que de fato as funções públicas têm por característica fundamental é a irrenunciabilidade" (Cf. AGUILLAR, 1999, p. 151).

[41] Sobre as atividades prestacionais que incidem sobre os direitos à saúde e à educação, a Constituição deixa claramente expresso que a efetivação desses direitos pelo Estado poderá obter o auxílio da iniciativa privada. Assim, dispõe o art. 199, *caput* da Constituição: "A assistência à saúde é livre à iniciativa privada". Do mesmo modo, o art. 209: "O ensino é livre à iniciativa privada, atendidas as seguintes condições".

mesma não ocorre senão em virtude do princípio da *livre iniciativa* (art. 170, *caput*, da CF).

Assim, é importante salientar que só haverá *função* quando a atividade for prestada *pelo Estado*, visto que não há interesse ou motivação econômica por parte do prestador, mas apenas o *dever-poder* de efetivar os direitos fundamentais da Constituição. Assim, quando educação e saúde forem prestadas por particulares, já não se pode falar em funções, mas em *serviços privados* (clínicas de saúde, escolas particulares, etc.), nos quais a natureza econômica da prestação é inconteste.[42]

Além de saúde e educação, também são *funções irrenunciáveis do Estado* as atividades que envolvam a efetivação do direito fundamental de *acesso à justiça* (art. 5º, XXXV, da CF),[43] do direito fundamental (social) à *segurança pública* (art. 6º da CF),[44] dentre outras. Claro está, portanto, que as *funções* diferem dos *serviços* na medida em que as primeiras correspondem a tarefas do Estado para a concretização de certos direitos fundamentais e, por isso, não apresentam a natureza econômica que, por sua vez, é própria dos *serviços* (sejam eles públicos ou privados).

---

[42] AGUILLAR, 1999, p. 153.

[43] Dispõe o art. 5º, XXXV, da Constituição: "a lei não excluirá da apreciação do Poder Judiciário lesão ou ameaça de direito". Sobre o dever do Estado em garantir o acesso dos cidadãos ao Judiciário, expõe Fernando Aguillar: "Tomemos como exemplo o Judiciário. Sua função básica é a de dirimir conflitos entre os particulares ou entre os particulares e os entes públicos, ou ainda entre os entes públicos entre si. Está muito claro que a função judicial de dirimir conflitos de interesse não é exclusiva do Estado. Os conflitos de interesse são resolvidos em sua esmagadora maioria a despeito da existência do Judiciário. As relações humanas são plenas de conflitos de interesse e, mesmo que esses interesses estejam cobertos por normas jurídicas (o que nem sempre é o caso), tais conflitos são resolvidos, no mais das vezes, entre os próprios particulares, amigavelmente ou não. Situação mais explícita dessa hipótese é o caso da arbitragem (...) Assim determina, por exemplo, o art. 5º, XXXV: "a lei não excluirá da apreciação do Poder Judiciário lesão ou ameaça a direito". O Estado desempenha a função de resolução de conflitos, em caráter não exclusivo, mas de forma irrenunciável" (Cf. AGUILLAR, 1999, p. 150-51).

[44] Sobre os serviços de segurança, afirma Aguillar: "Eles são função do Estado, na medida em que a Polícia deve responder funcionalmente pela segurança da população. Mas a população pode recorrer, e o faz, a serviços de segurança particulares que, nos limites legais, pode exercer a atividade econômica de proteção à segurança pessoal ou patrimonial" (*Idem*, p. 153).

Por fim, deve-se atentar para o fato de que estas funções irrenunciáveis do Estado não podem ser confundidas com as chamadas *funções administrativas*. As prestações de serviços públicos e das funções irrenunciáveis constituem duas das formas pelas quais a Administração Pública, agindo em nome do Estado, exerce suas *funções administrativas*.

Assim, *todo agir administrativo* está fundamentado, segundo Celso Antônio Bandeira de Mello, no exercício das *funções administrativas* as quais a Administração Pública está obrigada a cumprir.[45] Como foi dito, a prestação das funções irrenunciáveis do Estado é apenas uma, das diversas *funções administrativas*, i. é., constitui-se em uma das funções a ser cumprida pela Administração Pública em prol do interesse público (interesse do Estado).

Em suma: o desempenho de uma função administrativa é gênero, do qual são espécies: a) o desempenho de funções tendentes a garantir certos direitos fundamentais da Constituição (*funções irrenunciáveis do Estado*); b) a prestação de atividades econômicas (*serviços públicos*). Como exemplos de outras funções administrativas podem ser citadas as formas de *restrição dos direitos dos administrados,* como o exercício do *poder de polícia* (fiscalização) e a intervenção estatal no domínio privado (processo de desapropriação, p. ex.).

1.3.4. *Serviços públicos e atividades econômicas em sentido estrito*

Se os serviços públicos são espécies de *atividade econômica*, a recíproca nem sempre é verdadeira. Em outros termos, não se pode afirmar que *toda atividade econômica é serviço público*. De fato, existe uma clara distinção entre serviços públicos e *atividades econômicas em sentido estrito*, sustentada pacificamente na doutrina.[46]

---

[45] BANDEIRA DE MELLO, 1999, p. 31.
[46] Dentre os autores publicistas, cabe destacar Eros Roberto Grau, que utiliza a expressão *atividade econômica em sentido estrito* (Cf. GRAU, 2000 p. 132) e Celso

Quando a análise se debruça sobre o texto constitucional, torna-se mais fácil e preciso entender essa distinção. O art. 175 da Constituição Federal, como foi visto, regula a *titularidade* e a *execução* das atividades econômicas conhecidas como *serviços públicos*. Já o art. 173 do Texto Maior dispõe que *"Ressalvados os casos previstos nesta Constituição, a exploração direta de atividade econômica pelo Estado só será permitida quando necessária aos imperativos da segurança nacional ou a relevante interesse coletivo, conforme definidos em lei"*.[47]

Clara é a interpretação segundo a qual a *execução* de atividade econômica *própria da iniciativa privada* (submetida a um regime jurídico de direito *privado*), poderá, uma vez confirmadas as condições previstas no texto constitucional, ficar a cargo do Estado. Entretanto, a *titularidade* da atividade econômica jamais será do Estado, mas *sempre* da iniciativa privada (assim como a titularidade da prestação de serviços públicos jamais será da iniciativa privada, mas *sempre* do Estado).[48]

Antônio Bandeira de Mello que utiliza a expressão *serviços governamentais* (Cf. BANDEIRA DE MELLO, 1999, p. 494). Descartada a hipótese deste tipo de atividade econômica ser um *serviço* segundo a maneira como este é entendido, adota-se a posição do primeiro autor. É importante frisar que ambos os autores consideram fora de discussão a distinção entre serviços públicos e atividades econômicas em sentido estrito como duas espécies distintas de atividade econômica (em sentido amplo).

[47] Um bom exemplo de *atividade econômica em sentido estrito* é a exploração estatal de atividade bancária. Entretanto não se pode confundir a exploração da *atividade bancária* (feita, p. ex., pelo Banco do Brasil, Caixa Econômica Federal, etc.) com a *regulação* das atividades bancárias. Esta é desempenhada pelo Banco Central do Brasil (BCB). Outro erro que não se pode cometer é a afirmação segundo a qual a exploração do petróleo é atividade econômica em sentido estrito. A exploração de petróleo, pelo Estado, constitui atividade de *monopólio*, i. é., as atividades em questão são prestadas com *exclusividade*. Segundo o art. 177 da CF, apenas a *União* pode deter monopólio sobre atividades econômicas.

[48] As atividades econômicas em sentido estrito também são usualmente denominadas de *domínio econômico*. Seja qual for o nome adotado, não se pode perder de vista a distinção entre estas atividades e o serviços públicos. Nas palavras de Eros Roberto Grau, não se pode deixar de considerar que a "... exploração de *atividade econômica em sentido estrito* e prestação de *serviço público* estão sujeitas a distintos regimes jurídicos (arts. 173 e 175 da CF)" (Cf. GRAU, 2000, p. 140).

Ao contrário da prestação de serviços públicos, o Estado não atuará sob um regime de *privilégio* (não terá a *titularidade* da prestação), mas estará submetido a um regime jurídico de *direito privado*, vinculado aos princípios constitucionais da *livre iniciativa* (art. 170, *caput*) e da *livre concorrência* (art. 170, IV). O *regime jurídico (constitucional)* é, aliás, o único critério para a distinção entre serviços públicos e atividades econômicas em sentido estrito.[49]

1.3.5. Atividades consideradas como serviços públicos na Constituição de 1988

O Brasil é, segundo o art. 1º da atual Constituição, uma República *Federativa*. A forma federativa de Estado[50] sugere, dentre outras coisas, a autonomia político-administrativa e financeira entre União, Estados-Membros e os Municípios,[51] assim como um *delicado e rígido sistema de repartição de competências*.[52]

Quanto ao sistema de repartição de competências, importa considerar que a Constituição estipulou ativi-

---

[49] Segundo Aguillar: "O que se observa da leitura da Constituição é que não há necessariamente um critério de essencialidade para separar as atividades econômicas em sentido estrito desempenhadas pelo Estado dos serviços públicos. Não é porque uma atividade é considerada essencial para a população que ela é erigida em serviço público. Uma atividade é erigida em serviço público para que seu desempenho seja condicionado às regras aplicáveis ao serviço público, importando na necessidade do particular obter concessão ou permissão do Estado para exercê-las. Já as atividades econômicas em sentido estrito são desempenhadas pelo Estado, em regra, em regime de concorrência com as demais empresas privadas. Podem não ser menos essenciais do ponto de vista da necessidade da população, tais atividades, mas o Legislador ou o Constituinte optam por dar a elas tratamento diverso do regime de serviço público" (AGUILLAR, 1999, p. 145).
[50] Dalmo de Abreu Dallari faz uma observação importante, segundo a qual não podemos perder de vista que "... o *Estado Federal* indica, antes de tudo, uma forma de Estado, não de governo" (Cf. DALLARI, 2000, p. 254).
[51] Segundo Paulo Bonavides "... no Brasil, com a explicitação feita na Carta de 1988, a autonomia municipal alcança uma dignidade federativa jamais lograda no direito positivo das Constituições antecedentes" (Cf. BONAVIDES, 1998, p. 312). O autor se refere ao art. 18 da Constituição: "A organização político-administrativa da República Federativa do Brasil compreende a União, os Estados, o Distrito Federal e os Municípios, *todos autônomos*, nos termos desta Constituição" (grifamos).
[52] BASTOS, 1988, p. 49.

dades econômicas, cuja titularidade da prestação pertence à União, aos Estados-Membros ou aos Municípios, segundo a regra jurídica do art. 175. Portanto, tais atividades são consideradas como *serviços públicos*.

Desta feita, o art. 21, X, XI e XII, do texto constitucional traz o elenco de serviços públicos, cuja titularidade da prestação pertence à União, podendo a prestação ser delegada à iniciativa privada mediante contratos de concessão ou atos de permissão.[53] Da mesma forma, o art. 25, §§ 1º e 2º, estipulam as atividades econômicas cuja titularidade da prestação pertence aos Estados-Membros, conferindo-se a mesma possibilidade de delegação (da prestação) à iniciativa privada.[54] Por fim, o

---

[53] Nos termos do art. 21 da Constituição: "Compete à União: X - manter o serviço postal e o correio aéreo nacional; XI - explorar, diretamente ou mediante autorização, concessão ou permissão, os serviços de telecomunicações, nos termos da lei...; XII - explorar, diretamente ou mediante autorização, concessão ou permissão: a) os serviços de radiodifusão sonora e de sons e imagens; b) os serviços e instalações de energia elétrica e o aproveitamento energético dos cursos d'água...; c) a navegação aérea, aeroespacial e a infra-estrutura aeroportuária; d) os serviços de transporte ferroviário a aquaviário...; e) os serviços de transporte rodoviário interestadual e internacional de passageiros; f) os portos marítimos, fluviais e lacustres". Sobre o *serviço postal*, cabe observar que a EBCT (Empresa Brasileira de Correios e Telégrafos) poderá ser privatizada brevemente. De fato, está tramitando na Câmara dos Deputados o Projeto de Lei nº 1.491/99, o qual prevê a criação de uma Agência Nacional de Serviços de Correios (ANSC), com a mesma função regulatória das já existentes ANATEL (Agência Nacional de Telecomunicações) e ANEEL (Agência Nacional de Energia Elétrica). As privatizações dos serviços públicos serão analisadas ainda neste capítulo, como um retorno à utilização dos contratos de concessão, previstos no art. 175 da Constituição (regime jurídico do serviço público). O papel da ANATEL e da ANEEL será objeto de análise do terceiro e último capítulo. Voltando ao *serviço postal* (art. 21, X), entende-se que o mesmo configura-se como um serviço público, porque se trata de atividade econômica cuja prestação, não só pode ser delegada à iniciativa privada, como já se submete a um processo de delegação, através do instituto jurídico da *franquia*. Assim, muito embora não esteja havendo concessão ou permissão – conforme prevê o art. 175 da Constituição – é importante destacar o papel da *franquia* como forma de delegação dos serviços de correios, a qual é analisada por Odete Medauar (Cf. MEDAUAR, 1999, p. 359-360). Por fim, nas demais hipóteses do art. 21 (incisos XI e XII), uma vez expressa a possibilidade de delegação da prestação à iniciativa privada mediante concessões ou permissões, não resta dúvida sobre a natureza jurídica que tais atividades possuem. São, evidentemente, serviços públicos.

[54] O § 1º do art. 25 da Constituição estabelece que "são reservadas aos Estados as competências que não lhes sejam vedadas por esta Constituição". Trata-se de competência *residual*, i. é. aos Estados-Membros cabem todas as competências que não sejam necessariamente da União ou dos Municípios. O § 2º,

art. 30, V, estipula as atividades econômicas, cuja titularidade da prestação pertence aos Municípios, conferindo-se, mais uma vez, a mesma possibilidade de delegação (da prestação) aos particulares.[55]

A leitura desses dispositivos constitucionais apresenta duas questões que merecem especial atenção. Em primeiro lugar, os incisos XI e XII do art. 21 mencionam o instituto da *autorização* como forma de delegação da prestação dos serviços públicos, sendo que o art. 175, *caput*, da CF menciona apenas a concessão e a permissão, silenciando sobre a autorização.

Registre-se, então, que a autorização não é *contrato* (como o de concessão), mas assim como a permissão, um *ato administrativo*. Segundo Celso Antônio Bandeira de Mello, a autorização configura-se em espécie de ato da *administração ativa*, o qual tem o intuito de produzir uma utilidade pública, bem como, de ato *constitutivo*, i. é, de ato que faz nascer uma situação jurídica.[56] Cabe entender, então, o motivo pelo qual a autorização, apesar de ser um ato administrativo como a permissão, não se configura como forma de prestar serviço público.

Ocorre que, nesta espécie de ato administrativo, os beneficiários - aqueles a quem a Administração Pública

---

dispõe sobre a titularidade dos Estados-Membros para prestar, diretamente, ou mediante concessão, os serviços de gás-canalizado. A construção do gasoduto Bolívia-Brasil, p. ex., possibilitará a prestação desses serviços, a princípio, por particulares concessionários.

[55] Dispõe o art. 30, V, da Constituição: "Compete aos Municípios: V - organizar e prestar, diretamente ou sob o regime de concessão ou permissão, os serviços públicos de interesse local, incluindo o de transporte coletivo, que tem caráter essencial". Segundo as lições de Hely Lopes Meirelles "a aferição, portanto, da competência municipal sobre serviços públicos locais há de ser feita em cada caso concreto, tomando-se como elemento aferidor o critério da *predominância do interesse*, e não o da *exclusividade*, em face das circunstâncias de lugar, natureza e finalidades do serviço" (Cf. MEIRELLES, 1998, p. 251). O critério da *predominância do interesse do Município* tem relevância para a competência *residual* dos Estados-Membros, pois caso um serviço público não seja considerado importante para o Município, a titularidade de sua prestação poderá pertencer aos primeiros, conforme interpretação do art. 25, § 1º, da Constituição. Como exemplo de serviços públicos de *interesse local (interesse dos Municípios)* podem ser citados os serviços de *abastecimento e fornecimento de água*. No mesmo sentido posiciona-se Fernando Aguillar (Cf. AGUILLAR, 1999, p. 141-143).

[56] BANDEIRA DE MELLO, 1999, p. 301-303.

confere a autorização – e os destinatários da autorização se confundem na mesma pessoa, razão pela qual Celso Antônio Bandeira de Mello afirma que a autorização pode ser considerada como espécie de ato *individual singular*.[57] Entende-se então, que o constituinte não procedeu corretamente ao estipular a autorização como forma de prestação de serviços públicos, pois a utilidade a ser fruída por causa desta espécie de ato administrativo não é serviço público. Neste sentido, posiciona-se também André Hiroshi Alves:

"... na autorização, o autorizado a prestar o serviço é também o único usuário do serviço prestado. Em outras palavras, delega-se a execução ao próprio usuário exclusivo (...) Portanto, entende-se que a autorização a que se refere a Constituição Federal, em seu art. 21, incisos XI e XII (...) não é regime de prestação de serviço público...".[58]

A segunda e última questão gravita em torno do conceito de *interesse local*, conferida pelo art. 30, V, da Constituição como fundamento à competência municipal para prestar serviços públicos.[59] Eros Roberto Grau faz uma observação muito importante, ao afirmar que o sobredito conceito transcende o Município isoladamente considerado, visto que se presta, também, para organizar a competência da prestação de serviços públicos em *regiões ou microrregiões* (entendendo-se, aqui, a reunião de Municípios em conjunto).[60]

1.3.6. Serviços públicos em seu sentido técnico: atividades administrativas

Para este trabalho, serviços públicos são as atividades econômicas cuja titularidade da prestação pertence à pessoa do Estado, *representado pelos órgãos e agentes da Administração Pública*. Conforme Odete Medauar, esta é

---
[57] *Idem*, p. 302.
[58] ALVES, 1999, p. 31.
[59] Cf., *supra*, item nº 1.3.5. (nota nº 55).
[60] GRAU, 2000, p. 147.

uma delimitação necessária, que nos remete ao *sentido técnico* do conceito de serviços públicos.[61]

A delimitação não só é importante, como correta, pois não se pretende adotar a posição segundo a qual as atividades jurisdicionais e legislativas também possam ser consideradas serviços públicos. Tais atividades são, segundo a ordem constitucional atual, *funções* (atividades não-econômicas), e não *serviços públicos* (atividades econômicas).

Os serviços públicos são atividades econômicas – cuja titularidade da execução pertence à pessoa do Estado, através da atuação de uma de suas extensões, qual seja, a Administração Pública – cuja prestação é diretamente fruível pelos administrados.[62] Caracterizam-se por serem atividades *positivas, prestacionais*, i. é, visam a proporcionar uma *comodidade* aos administrados.[63]

Desta feita, não podem ser confundidas com outras atividades da Administração Pública como, p. ex., o *poder de polícia* ou a *intervenção na propriedade privada*.[64] Nestas, a finalidade do ato administrativo resume-se numa restrição aos direitos dos administrados. Os serviços públicos também não podem ser confundidos com a realização de *obra pública*,[65] ou com atividades-meio ou de *organização dos órgãos administrativos*.[66]

[61] MEDAUAR, 1999, p. 345.
[62] A doutrina tradicional de Direito Administrativo costuma fazer as mais variadas classificações sobre os serviços públicos. Baseado, p. ex., no critério da divisibilidade do serviço, os autores costumam afirmar que existem serviços públicos *uti universi* (não é possível precisar o *quantum* que cada administrado utilizou do serviço) e *uti singuli* (têm-se usuários perfeitamente determinados, assim como o *quantum* que cada um deles utilizou do serviço). Entre nós, porém, não existem serviços públicos *uti universi*, pois estes são, na verdade, as *funções irrenunciáveis do Estado*. Serviços públicos, com base na interpretação do art. 175 da CF, são apenas os *uti singuli*, pois apenas estes possuem a natureza econômica, e sua prestação pode ser delegada à iniciativa privada *mediante contrato de concessão ou ato de permissão*. Sobre as classificações de "serviços públicos" na doutrina tradicional, v., dentre outros, Hely Lopes Meirelles (Cf. MEIRELLES, 1994, p. 295-97).
[63] BANDEIRA DE MELLO, 1999, p. 484.
[64] *Idem*, p. 482-484.
[65] *Idem*, p. 484.
[66] Cf. MEDAUAR, 1999, p. 346.

Em suma: segundo interpretação do atual ordenamento jurídico-constitucional brasileiro, os serviços públicos podem ser definidos como:

"... atividades econômicas exercidas em regime de privilégio pelo Estado em função de reserva constitucional (...) No sentido aqui adotado, portanto, todo serviço público é suscetível de delegação a particulares, nos termos da Constituição e da lei".[67]

De todo o exposto, importa considerar que o *regime jurídico* é o fator preponderante para a definição do conceito de serviço público.[68] E a Constituição é o lugar onde este regime deve ser buscado e interpretado.

1.4. Titularidade e execução: as formas de prestar serviços públicos

A importância do regime jurídico administrativo na determinação de uma atividade econômica como serviço público – e conseqüentemente, para a distinção entre serviço público e atividade econômica em sentido estrito – está no fato de que este regime jurídico, consagrado na Constituição (art 175), possibilita, também, o

---

[67] AGUILLAR, 1999, p. 155.

[68] O regime jurídico sob o qual está regida a prestação de serviços públicos é o *regime jurídico administrativo*. Sobre este, Celso Antônio Bandeira de Mello dedicou o primeiro capítulo de seu *Curso de Direito Administrativo*, o qual, pela clareza da exposição das idéias, merece toda ênfase possível. Assim sendo, escreve o autor: "Em face do Direito as noções citadas nada mais contêm em si além do significado de entidades lógicas identificáveis por seus regimes. Entende-se, à vista disto, que pouco importa, então, se uma atividade afigura-se-nos mais ou menos relevante ou irrelevante para a coletividade. Não é isto que a qualificará como pública ou privada, mas o regime que lhe houver sido atribuído pelo sistema normativo.
Perante o Direito será pública ou privada na exclusiva dependência do que houverem decidido a Constituição e a lei: portanto, unicamente em função do regime que a disciplina. Um serviço prestado pelo Estado não se torna público pelo fato de interessar a todos e estar em suas mãos, ou em mãos de pessoa sua, mas pela circunstância de se reger conformemente ao regime de Direito Administrativo, tanto que, se disciplinado pelas regras de Direito Privado – e o legislador é livre para assim decidir – descaberá reputá-lo serviço público" (Cf. BANDEIRA DE MELLO, 1999, p. 47-48).

entendimento sobre a distinção entre dois conceitos por demais importantes no âmbito da prestação destas espécies de atividades econômicas do Estado, quais sejam, os conceitos de *titularidade e execução*.

Ao contrário da prestação das atividades econômicas em sentido estrito (art. 173 da CF), na prestação de serviços públicos (art. 175) a *titularidade*, i. é, a *legitimidade* para a prestação dos mesmos é *estatal*, não havendo possibilidade de transferi-la para a iniciativa privada, sob pena de não haver serviços de natureza pública, mas privada.

Entretanto, a *titularidade* não se confunde com a *execução* do serviço público – que é, por assim dizer, a própria prestação do serviço público. O regime jurídico administrativo (art. 175 da CF), ao mesmo tempo que não possibilita a transferência da titularidade da prestação dos serviços públicos para a iniciativa privada, permite que a *execução* dos mesmos possa ser transferida a essa, mediante contrato de concessão ou ato de permissão.

Sobre a *execução* (prestação) dos serviços públicos, importa considerar que ela poderá ocorrer de duas formas, segundo o art. 175 da Constituição: *a) diretamente*, quando os serviços públicos forem prestados pelo Estado, no desempenho das *funções administrativas* da Administração Pública; *b) indiretamente*, mediante processo de *delegação* à iniciativa privada.

1.4.1. A execução direta

Compreende-se aqui a execução dos serviços públicos a cargo da Administração Pública, em cumprimento às suas *funções administrativas* que, por sua vez, visam a satisfazer o interesse da pessoa jurídica a qual representam, i. é, o *interesse do Estado* ou o *interesse público*.

É importante lembrar, porém, que a própria Administração Pública não apresenta apenas uma forma de expressão, tanto que se subdivide em Administração Pública *direta e indireta*. A primeira constitui-se na *estrutura orgânica mínima* à realização das tarefas estatais, sendo imprescindível à própria existência do Estado enquanto pessoa jurídica de direito público.[69]

Assim é que, na República Federativa do Brasil, a Administração Pública *direta* pode ser definida como o *conjunto de órgãos executivos, de chefia ou auxiliares, encontrados nos quatro entes federativos, quais sejam, União, Estados-Membros, Municípios e Distrito Federal.*[70] Em outros termos, a Administração Pública *direta* compõe-se dos órgãos relativos à Presidência da República, ao Governo dos Estados-Membros, às Prefeituras Municipais e ao Governo do Distrito Federal.[71]

Os órgãos da Administração Pública *direta* não são pessoas jurídicas, mas atuam, em nome da pessoa jurídica do Estado, através de *desconcentração administrativa.* Ou seja, na Administração Pública *direta* há apenas uma *distribuição* das atividades administrativas – as quais não poderiam ser realizadas por uma única autoridade – *no interior da mesma pessoa jurídica,* que é o Estado (representado por esta Administração *direta*).[72]

Já a Administração Pública *indireta* suscita maior atenção. É que sua existência se torna possível, não por uma desconcentração, mas por uma *descentralização* administrativa. Pela descentralização, *criam-se, por outorga, entidades com personalidade jurídica própria, i. é, criam-se novas pessoas jurídicas.*

---

[69] Nas palavras de Eduardo Gualazzi "... a *Administração Direta ou Central* integra o próprio conceito jurídico de Estado, que abrange os elementos povo, território e soberania com governo constitucionalmente organizado (...) O exercício da soberania estatal depende necessariamente da existência organizada da Administração Direta, sem cuja operatividade estrutural o Estado se torna, em princípio, um conceito impossível, sob aspecto lógico e jurídico" (Cf. GUALAZZI, 1985, p. 60).
[70] Cf. o conceito de MEDAUAR, 1999, p. 64.
[71] Sobre o Distrito Federal, cabem as observações de Odete Medauar: "O art. 32 da Constituição Federal veda sua divisão em Municípios e determina que se regerá por lei orgânica, votada por sua Câmara Legislativa. (...) A chefia do Executivo do Distrito Federal é exercida pelo *Governador* que também exerce a direção geral da Administração" (*Idem,* p. 69-70).
[72] *Idem,* p. 53-54.

Situando historicamente o desenvolvimento da Administração Pública *indireta* no Brasil, cabe relembrar que, dentre as várias transformações operadas no decorrer do Governo Vargas (década de 30), pode ser destacada, num primeiro momento, a criação das autarquias,[73] seguida, posteriormente, da criação de fundações públicas, sociedades de economia mista e empresas públicas.[74]

Feitas as considerações necessárias acerca da distinção entre Administração Pública *direta* e *indireta*, resta observar que a execução *direta* dos serviços públicos não tem ocorrido senão por meio da Administração Pública *indireta*.[75] Ou seja, tendo a possibilidade de prestar as atividades econômicas submetidas ao regime jurídico administrativo do art. 175 da CF,[76] o Estado assim o faz, não por meio da Administração Pública *direta*, mas pelas

---

[73] Cabe ressaltar a observação de Almiro do Couto e Silva: "A descentralização que entre nós foi feita nas décadas de 20 e 30 operou-se quase que totalmente dentro do território do direito público. Foi essa a época áurea das autarquias" (Cf. COUTO E SILVA, 1997, p. 58).

[74] Sobre esses entes da administração pública indireta, v. MEIRELLES, 1994, p. 316-336.

[75] Não cabe aqui tratar da execução (prestação) das *funções irrenunciáveis do Estado*. Entretanto, conforme análise de Odete Medauar, é inegável a contribuição das *autarquias* e *fundações públicas* no desempenho das mesmas. Primeiramente, o *ensino superior*. De acordo com a antiga Lei de Diretrizes e Bases da Educação Nacional, Lei nº 5.540, de 28.11.1968 (art. 4º), as Universidades Públicas estariam constituídas sob a forma de autarquias de regime especial ou fundações. A atual LDB (Lei nº 9.394, de 20.12.96) não dispõe sobre tais formas de constituição. Entretanto, o art. 207 da Constituição não deixa dúvidas sobre a incidência da *descentralização administrativa* nas atividades de ensino superior. Sobre a saúde pública – que da mesma forma não é *serviço*, mas *função* – também recai a *descentralização administrativa*, como, p. ex., o Hospital das Clínicas de São Paulo, que é uma *autarquia*. (Cf. MEDAUAR, 1999, p. 81-93).

[76] As pessoas jurídicas de direito privado, em especial as empresas públicas e sociedades de economia mista, foram criadas no intuito de desempenharem atividades econômicas *em sentido amplo*. Esta ressalva é importantíssima, porque esclarece o fato de que o Banco do Brasil e a Petrobrás (sociedades de economia mista) não prestam *serviços públicos*. A atividade bancária constitui-se em *atividade econômica em sentido estrito* (art. 173 da CF), e as atividades ligadas ao petróleo, em especial o refino, constituem-se em *monopólio da União* (art. 177 da CF).

pessoas jurídicas que compõem a Administração Pública *indireta*.[77]

1.4.2. A execução indireta

Do exposto, observou-se que na execução *direta*, i. é, na execução que se opera no âmbito da Administração Pública, os serviços públicos são prestados por meio de pessoas jurídicas criadas para compor a chamada Administração Pública *indireta*. A criação de tais pessoas jurídicas, como demonstrado, está associada a um processo de *descentralização administrativa*.

Entretanto, quando o Estado decide entregar a execução (prestação) dos serviços públicos à iniciativa privada, ocorre um processo distinto. Por este motivo, não cabe confundir descentralização administrativa com *delegação*. Conforme dispõe o art. 175 da CF, na execução *indireta*, o Estado *delega* a execução – e apenas a execução – dos serviços públicos a empresas privadas, as quais serão escolhidas mediante *licitação pública*, sendo a delegação formalizada por meio de um *contrato de concessão* ou *ato de permissão*.

O contrato de concessão, típico contrato *administrativo* regido pelo direito público, surgiu na França ao final do século XIX, quando o Direito refletia as premissas do Liberalismo Clássico, dentre as quais pode ser destacado o princípio da não-ingerência estatal em atividades econômicas.[78] Inicialmente, eram indissociáveis os contratos de concessão de obras e serviços públicos; a distinção entre ambos ocorre nas primeiras décadas do século XX.[79]

---

[77] Em Santa Catarina, p. ex., existe a CASAN, *sociedade de economia mista* responsável pela prestação dos serviços de abastecimento e fornecimento de água.
[78] Segundo Almiro do Couto e Silva "A noção de contrato administrativo, regido pelo direito público, só começa a esboçar-se na França no fim do século passado, consolidando-se nas primeiras décadas deste século" (Cf. COUTO E SILVA, 1997, p. 53).
[79] *Idem*, p. 56.

No Brasil, o contrato de concessão de obras/serviços públicos surge no mesmo período, seguindo o modelo francês.[80] Com a *intervenção direta do Estado na prestação de atividades econômicas* – consagrada juridicamente na CF de 1934 – assiste-se ao período de declínio dos contratos de concessão, que iria perdurar até a década de setenta.

1.4.3. O retorno das concessões no Brasil e o processo de privatização dos serviços públicos

A partir da década de setenta (mais precisamente ao final da mesma), inicia-se um processo de definição acerca das diretrizes a serem adotadas para a *transferência das atividades econômicas do Estado (em sentido amplo) para o setor privado*. Surge, então, para orientar esse processo, o Programa Nacional de Desburocratização (regulamentado pelo Decreto nº 83.740/79).[81]

Em 1985, o Decreto nº 91.991 cria o Conselho Interministerial de Privatização, aperfeiçoando o Programa.[82] Mas é a partir do início da década de noventa, que o processo de *privatização das atividades econômicas do Estado* ganha maior força.[83] Em 1990 é criado, através da Medida Provisória nº 155, o Programa Nacional de Desestatização, sendo tal Medida convertida na Lei nº 8.031, de 12 de abril do mesmo ano.[84] Cabe salientar, no

---

[80] VENÂNCIO FILHO, 1968, p. 27. No mesmo sentido, v. TÁCITO, 1995(b), p. 2.
[81] TÁCITO, 1995(b), p. 6.
[82] *Idem, ibidem.* Afirma ainda o autor: "...segundo dados oficiais, no período de 1979-1985, no plano federal, 20 empresas foram privatizadas, 3 transferidas a governos estaduais, outras 3 foram objeto de fusão, 14 incorporadas e duas outras convertidas em órgãos da administração direta, no total de 42 transformações".
[83] Sobre o processo de privatização das atividades econômicas do Estado cabe fazer importante observação. Ocorre que a expressão "atividades econômicas do Estado" é aqui empregada em seu sentido amplo, ou seja, a privatização abrange tanto os serviços públicos quanto as atividades econômicas em sentido estrito. Para este trabalho, interessa apenas a privatização dos serviços públicos. Sobre a privatização das atividades econômicas em sentido estrito, podem ser citados os exemplos das privatizações de duas empresas públicas: a Companhia Vale do Rio Doce e Companhia Siderúrgica Nacional.
[84] TÁCITO, 1995(b), p. 06. Baseado no relatório do Tribunal de Contas da União sobre a gestão financeira de 1994, o autor revela que "...no período de

entanto, que a Lei nº 8.031 foi revogada pela Lei nº 9.471, de julho de 1997, a qual regulamenta, atualmente, o Programa Nacional de Desestatização.

Do exposto, importa que a privatização *dos serviços públicos* não implica a transferência da *titularidade* dos mesmos, mas apenas de sua execução. *Privatização de serviços públicos* significa transferir a *execução* – e apenas a *execução* – dos mesmos, da Administração Pública indireta para uma empresa privada (ou mesmo para um consórcio de empresas).[85]

Desta feita, os serviços públicos *privatizados* são prestados pelas empresas privadas, sob o regime jurídico administrativo do art. 175 da CF. Ou seja, a privatização configura-se como *forma de delegação de serviços públicos à iniciativa privada*, submetida esta a *contratos de concessão* ou a *atos de permissão*.[86]

Justifica-se assim a elaboração da Lei nº 8.987, de 13 de fevereiro de 1995, no decorrer destes programas de privatização das atividades econômicas estatais.[87] Destinada a disciplinar o regime jurídico das concessões e permissões de serviços públicos, constitui-se em legislação inédita no ordenamento jurídico brasileiro,[88] cujos objetivos maiores são: *a) Objetivo geral – contribuir para a prestação de um serviço público adequado em favor dos*

1990 a 1994, 65 empresas estatais foram incluídas no Programa Nacional de Desestatização, sendo que 33 foram transferidas à iniciativa privada e estão em curso os processos de alienação das demais 32". Considerando que este artigo foi escrito em 1995, não é arriscado afirmar que das "32 empresas restantes" algumas, ou muitas, também já foram privatizadas.

[85] Na privatização das atividades econômicas em sentido estrito não se pode afirmar que a titularidade destas atividades passa do Estado para a iniciativa privada, porque a titularidade, neste caso, já era da iniciativa privada por determinação constitucional (art. 173 da CF). Nos serviços públicos, a titularidade não é transferida com o processo privatizante, mas apenas a execução. De outro modo, os serviços perderiam a natureza pública, i. é, não poderiam mais ser chamados serviços públicos, assim como as empresas privadas não se submeteriam a contratos de concessão, ou a atos de permissão.

[86] ALVES, 1999, p. 32.

[87] SOUZA, 1995(b), p. 51. De fato, as concessões podem ser entendidas como uma forma de privatização. Esta é também a opinião de Maria Sylvia Zanella Di Pietro (Cf. DI PIETRO, 1999, p. 67).

[88] AGUILLAR, 1999, p. 192-193.

usuários; b) Objetivo específico – permitir a retomada do crescimento dos sistemas de energia elétrica.[89]

A contribuição da Lei das Concessões e Permissões para a *prestação de um serviço público adequado* é, dentre os objetivos supracitados, o que merece maior atenção, pois, como bem observou Caio Tácito:

"O programa de privatização de empresas estatais não se resume à abstenção do Estado em áreas até então ocupadas que revertem à iniciativa privada. Antes qualifica uma evolução nas relações entre o serviço público e a iniciativa privada que passam a se associar no objetivo final de prestação de serviços à comunidade".[90]

Os cidadãos (usuários) merecem a prestação de um serviço público – seja a mesma efetuada pela Administração Pública *indireta* ou pela iniciativa privada – na qual possam estar presentes os *princípios jurídicos específicos*, expressos no art. 6º, § 1º, da Lei.[91] A prestação adequada dos serviços públicos *aos usuários* é, antes de tudo, uma exigência constitucional, pois o parágrafo único do art. 175 da CF – que trata das matérias destinadas a compor (e que efetivamente compõem) a Lei nº 8.987/95 – deixa claro que, dentre essas, deve constar a *obrigação de manter serviço adequado* (inciso IV).[92]

---

[89] TÁCITO, 1995(a), p. 33. A preocupação com a retomada dos serviços de energia elétrica fica ainda mais evidente com a criação da Lei nº 9.074, de 7 de junho de 1995. Esta lei, que dispõe sobre a *outorga e prorrogações das concessões e permissões de serviços públicos*, possui um capítulo inteiro (Capítulo II) destinado apenas aos serviços de energia elétrica (instalações, prorrogações, reestruturações, etc.).
[90] TÁCITO, 1995(b), p. 7.
[91] Dispõe o art. 6º, § 1º, da Lei nº 8.987/95: "Serviço adequado é o que atende as condições de regularidade, continuidade, segurança, atualidade, generalidade, cortesia na sua prestação e modicidade das tarifas". Sobre tais princípios, cabe citar a observação de Luiz Alberto Blanchet: "Este dispositivo, na verdade, arrola os princípios do serviço público, a ele aplicáveis não apenas enquanto objeto de concessão ou permissão, mas também, obviamente, quando prestado diretamente pelo Poder Público" (Cf. BLANCHET, 1995, p. 40).
[92] Sobre o conceito de *adequação*, pronuncia-se novamente Luiz Alberto Blanchet: "A palavra *adequação* não tem sentido autônomo e pressupõe sempre uma relação entre duas coisas, pois nada é *simples* e *isoladamente* adequado. A adequação só existe entre duas ou mais realidades. A expressão *serviço adequado* exige, portanto, um complemento que a Constituição Federal não

Assim é que os princípios da *regularidade* e da *continuidade* estão estreitamente relacionados, pois significam que a prestação de *certos* serviços públicos não pode sofrer interrupções.[93] Entretanto, há entendimento doutrinário (...) segundo o qual a *continuidade* na prestação desses serviços encontra restrição na atitude dos próprios usuários, referente à falta do pagamento devido pela prestação.[94]

Na situação dos serviços *delegados,* quando ocorrer o descumprimento das *normas contratuais (ou cláusulas econômicas)* – as quais estipulam a remuneração dos prestadores privados[95] – não poderá haver, por parte dos usuários, qualquer tentativa de invocar os princípios da *regularidade e continuidade* contra eventual corte ou suspensão da prestação do serviço público, objeto de inadimplência.

Após a regularidade e a continuidade, têm-se os princípios da *eficiência,*[96] da *atualidade* e da *segurança,* os

---

fornece (embora esteja subentendido), mas o artigo em pauta identifica: o serviço deve ser adequado ao *pleno atendimento dos usuários*" (Cf. BLANCHET, 1995, p. 39). O *artigo em pauta,* a que se refere o autor, é justamente o art. 6º da Lei nº 8.987/95.

[93] A afirmação de que a prestação de serviços públicos atende ao interesse público por se tratar de serviços que visam a satisfazer necessidades *essenciais* dos cidadãos, deve ser vista com cautela. O fato é que nem todo serviço público é *essencial.* A essencialidade não pode ser definida, senão em virtude de lei. Como o princípio da *continuidade* confronta-se com a possibilidade de paralisação dos agentes responsáveis pela prestação de serviços públicos, a Lei nº 7.783, de 28 de junho de 1989, que regulamenta o exercício do *direito de greve* no Brasil, definiu quais são as *atividades essenciais,* i. é, aquelas que não podem sofrer interrupção na sua prestação em caso de greve. Do rol de atividades expresso no art. 10, podem ser encontrados os serviços públicos de *abastecimento de água e distribuição de energia elétrica e gás* (inciso I), *transporte coletivo* (inciso V), *telecomunicações* (inciso VII) e *tráfego aéreo* (inciso X).
[94] Sobre essa questão, v. MATOS, 1993, p. 202-205.
[95] Segundo Raimunda A. de Sousa e Terezinha Moreira "... toda concessão fica subordinada a duas categorias de normas: as de natureza regulamentar e as de natureza contratual. As primeiras disciplinam o modo e forma da prestação dos serviços e as segundas fixam as condições de remuneração do concessionário, recebendo estas a denominação de cláusulas econômicas ou financeiras e aquelas sendo chamadas de leis do serviço, que podem ser alteradas unilateralmente pelo poder concedente, sempre por interesse público justificado" (Cf. SOUSA, 1995(b), p. 41).
[96] Antes de se constituir em princípio específico da prestação de serviços públicos, a *eficiência* é princípio *geral da Administração Pública.* A atual Cons-

quais, a exemplo dos dois primeiros, podem ser analisados de forma conjunta. Serviço público *eficiente* é aquele que cumpre suas finalidades, i. é., aquele que se moderniza, se *atualiza* – através da melhoria de equipamentos ou mesmo pelo treinamento de pessoal – para melhor atender aos usuários, proporcionando-lhes, dentre outras coisas, *segurança* na sua integridade física e psíquica.[97]

O princípio da *generalidade* pressupõe tratamento *isonômico* entre os usuários. Ou seja, os prestadores, públicos ou privados, não podem fazer distinções entre esta ou aquela pessoa, devendo os serviços estar à disposição de todos. Trata-se, na verdade, de uma extensão ao princípio da *igualdade formal*, expresso no art. 5º, *caput*, da CF.[98]

O princípio da *cortesia* constitui-se, antes de tudo, em *dever funcional dos servidores da Administração Pública*,[99] estendendo-se também aos prestadores de serviços

---

tituição desconsiderou, de início, o mencionado princípio. Entretanto, com o advento da atual Reforma Administrativa, consubstanciada pela Emenda Constitucional nº 19, de 14 de julho de 1998, a eficiência administrativa foi acrescida ao art. 37, *caput*, da CF, juntamente aos princípios da legalidade, impessoalidade, moralidade e publicidade.

[97] Para ilustrar um exemplo da aplicação dos princípios correlatos da eficiência, atualidade e segurança na prestação de um serviço público adequado, tem-se o caso das concessionárias de *transporte coletivo* (art. 30. V da CF) ou mesmo, das de *transporte rodoviário interestadual e internacional de passageiros* (art. 21, XII, e da CF). O usuário está no interior do ônibus quando, do lado de fora do veículo, alguém arremessa uma pedra no vidro desse. O vidro se quebra, e o usuário acaba ferido em conseqüência dos estilhaços. A questão a ser analisada diz respeito à responsabilidade da concessionária pelos ferimentos do usuário, uma vez que casos como este podem ser previstos. A empresa privada não deveria investir na qualidade dos vidros de seus veículos e, em assim procedendo, não estaria agindo conforme os princípios em pauta? Trata-se de questão da mais alta relevância, não apenas para os estudos sobre *responsabilidade civil*, como para todo o Direito.

[98] Dispõe o art. 5º, *caput*, da CF: "Todos são iguais perante a lei, sem distinção de qualquer natureza...".

[99] No Brasil, o Decreto nº 1.171/94 instituiu o chamado *Código de Ética do Servidor Público,* onde estão reguladas as atitudes do mesmo em relação aos administrados, bem como as sanções advindas pelo descumprimento de tais regras, configurado como *desvio ético* passível de proporcionar indenização aos administrados por *dano moral.* Sobre esse tema, v. SANDIN, 1999, p. 4.

públicos, segundo dispõe o art. 7º, I, c/c art. 31, I, ambos da Lei nº 8.987/95.[100]

A *modicidade das tarifas*, como o próprio termo sugere, implica uma restrição a qualquer forma de *abusividade* no valor das mesmas. Pode-se afirmar que o princípio se justifica – não obstante o interesse das empresas privadas em auferir vantagem econômica sobre os investimentos feitos para efetivação da prestação[101] – na satisfação do *interesse público*, i. é, na satisfação do interesse *do Estado* em favor dos usuários.[102]

---

[100] O art. 7º dispõe sobre os *direitos e obrigações dos usuários*. O inciso I dispõe sobre o direito de *"receber serviço adequado"*. O art. 31, por sua vez, trata dos *encargos da concessionária*. Dentre esses encargos, destaca-se a obrigação de *prestar serviço adequado* (inciso I). Implicitamente, pode-se interpretar a prestação adequada como aquela onde as relações entre prestador e usuário obedeçam a um grau aceitável de cortesia por parte do primeiro. Em outros termos, a prestação adequada pressupõe, dentre outras coisas, que o usuário seja bem atendido. Como exemplo, pode ser citada a relação entre o usuário de transporte rodoviário interestadual ou internacional com a empresa privada, representada esta pelo funcionário responsável pela venda da passagem.

[101] A fim de justificar a motivação da iniciativa privada em participar da prestação de serviços públicos, tem-se a observação de Luiz Alberto Blanchet: "Tarifa módica é, pois, a que propicia ao concessionário condições para prestar serviço adequado e, ao mesmo tempo, lhe possibilita a justa remuneração dos recursos comprometidos na execução do objeto da concessão. Sem essa garantia, o Estado jamais contaria com a colaboração honesta da iniciativa privada" (Cf. BLANCHET, 1995, p. 46).

[102] Fruto da exigência constitucional (art. 175, parágrafo único, III) a Lei 8.987/95 instituiu as regras necessárias ao estabelecimento de uma *política tarifária*, cujo escopo maior consiste em garantir o cumprimento do princípio da *modicidade*. Como foi dito, porém, o mencionado princípio não atende apenas os interesses dos usuários, pois como bem observa João Carlos de Souza: "ao tratarmos da concessão não se pode esquecer que além de albergar uma finalidade pública em razão do exercício de uma atividade que visa ao atendimento do interesse público; há também em jogo um aspecto econômico, que transparece no direito do concessionário à remuneração, que é o motor de sua participação no negócio. Deve haver, portanto, alguma garantia ao interesse do concessionário" (Cf. SOUZA, 1995(a), p. 101). Ou seja, em favor dos usuários as tarifas não poderão ser abusivamente caras; ao passo que, em favor das concessionárias, deve-se preservar o que a doutrina denomina de *equilíbrio econômico-financeiro do contrato* (Cf., dentre outros, MUKAI, 1995, p. 30-31; BLANCHET, 1995, p. 46 e 55; BANDEIRA DE MELLO, 1999, p. 528-533; MEDAUAR, 1999, p. 355). Na Lei nº 8.987/95, o *equilíbrio econômico-financeiro do contrato de concessão* está previsto no art. 9º, § 1º: "Os contratos poderão prever mecanismos de revisão das tarifas, a fim de manter-se o equilíbrio econômico-financeiro". Em suma: as tarifas deverão possuir valor econômico que não onere abusivamente os usuários e, ao mesmo tempo, que esteja compatível com a devida compensação das concessionárias pelos investimentos realizados, bem como pela vantagem econômica que incentiva a participação dessas no negócio com o Estado.

No intuito de favorecer o princípio da *modicidade das tarifas*, a Lei nº 8.987/95 prevê a possibilidade de as empresas obterem *receitas alternativas* conforme decisão da Administração Pública, ainda no momento da licitação (art. 11).[103] Tais receitas, deve-se ressaltar, justificam-se na medida em que possibilitem uma *diminuição no custeio do serviço pelo usuário*.[104]

Expostas as considerações acerca do conceito de serviço público *adequado*, deve-se passar à análise sobre o art. 40 e parágrafo único da Lei nº 8.987/95, onde está disciplinada a matéria das *permissões*.[105] Segundo Blanchet, o *contrato* a que se refere o art. 40 não influencia o conteúdo, mas apenas a forma pela qual a permissão se exterioriza. A expressão deve ser interpretada, tanto no art. 40 quanto no art. 175 da CF, "*... de forma coerente com a natureza jurídica do instituto, e não literalmente*".[106]

Em outros termos, o "contrato" de permissão é, na verdade, a confusão entre o documento de comprovação da permissão, assinado pelas partes, e o que é efetiva-

---

[103] Dispõe o art. 11 da Lei nº 8.987/95: "No atendimento às peculiaridades de cada serviço público, poderá o poder concedente prever, em favor da concessionária, no edital de licitação, a possibilidade de outras fontes provenientes de receitas alternativas, complementares, acessórias ou de projetos associados, com ou sem exclusividade, com vistas a favorecer a modicidade das tarifas, observando o disposto no art. 17 desta lei". O art. 17 trata, no procedimento licitatório, de caso onde uma proposta poderá ser desclassificada.

[104] SOUZA, 1995(a), p. 103. Como exemplo de receitas alternativas, o autor cita a exploração de publicidade em ônibus (*Idem, ibidem*).

[105] Dispõe o art. 40 da Lei nº 8.987/95: "A permissão de serviço público será formalizada mediante contrato de adesão, que observará os termos desta Lei, das demais normas pertinentes e do edital de licitação, inclusive quanto à precariedade e à revogabilidade do contrato pelo poder concedente". Dispõe o parágrafo único: "Aplica-se às permissões o disposto nesta Lei".

[106] BLANCHET, 1995, p. 162. Ilustrando ainda mais sua opinião, afirma o autor: "Assim como uma estátua tem a forma exata de um ser humano, mas não é um ser humano, e o que nos permite a certeza de tal conclusão não é a forma, mas o conteúdo, também no campo do direito o que prevalece é o conteúdo. O art. 175 da Constituição Federal, como este art. 40, ao utilizarem o termo 'contrato', o fizeram sem os cuidados recomendáveis, e não houve qualquer preocupação com o sentido jurídico do termo *contrato*, o que permite concluir que efetivamente a palavra 'contrato' não se refere à natureza da permissão" (*Idem*, p. 163).

mente um contrato: negócio jurídico *bilateral*.[107] Assim uma leitura apressada do art. 175 da CF, e do art. 40 da Lei 8.987/95, pode fazer com que se descaracterize a natureza jurídica real da permissão, qual seja, a de ser ela um *ato administrativo*.[108]

A expressão "contrato de adesão" prevista no art. 40, refere-se ao procedimento obrigatório de assinatura da minuta sobre a futura permissão ou concessão, o qual é realizado ainda na fase da *licitação pública*. Não há contrato de permissão, mas a formalização da mesma mediante documento escrito que comprove a relação jurídica entre Administração Pública e os particulares. Assim, conclui-se que a expressão "contrato de adesão" não tem maior utilidade no texto da norma jurídica em pauta (art. 40 de Lei nº 8.987/95).[109]

Resumindo assim o retorno das concessões (e também das permissões) no Brasil, inserido este no processo de privatização das atividades econômicas *em sentido*

---

[107] O contrato administrativo, cujo contrato de concessão (e apenas de concessão) constitui uma de suas espécies, pode ser assim definido: "...é um tipo de avença travada entre a Administração e terceiros na qual, por força de lei, de cláusulas pactuadas ou do tipo de objeto, a permanência do vínculo e as condições preestabelecidas assujeitam-se a cambiáveis imposições de interesse público, ressalvados os interesses patrimoniais do contratante privado" (Cf. BANDEIRA DE MELLO, 1999, p. 445).
[108] BLANCHET, 1995, p. 163. Já o ato administrativo, onde está inserida a figura da permissão, pode ser definido como: "... *declaração do Estado (...) no exercício de prerrogativas públicas, manifestada mediante providências jurídicas complementares da lei a título de lhe dar cumprimento, e sujeitas a controle de legitimidade por órgão jurisdicional*" (Cf. BANDEIRA DE MELLO, 1999, p. 271). De todo este conceito, importa destacar que os *atos administrativos* são unilaterais, i. é. não existe, como nos contratos, a *comutatividade* (direitos e obrigações recíprocas) entre a Administração e os particulares. Daí a observação de Bandeira de Mello: "O Estado, em princípio, valer-se-ia da permissão justamente quando não desejasse constituir o particular em direitos contra ele, mas apenas em face de terceiros" (*Idem*, p. 544) . Aliás, este autor faz uma crítica acerca do que ele chama um *uso desnaturado* das permissões. Afirma o autor que o Estado se vale das vantagens do instituto quanto à não-constituição de direitos aos particulares, para delegar a prestação de serviços públicos cujo valor de investimentos não é senão considerável (sendo recomendável, nestes casos, o *contrato* de concessão). Em contrapartida, a Administração Pública fixa prazo para a duração das permissões, descaracterizando sua natureza jurídica, pois apenas os contratos de concessões devem ter prazos obrigatórios de duração. (*Idem*, p. 545-546).
[109] BLANCHET, 1995, p. 163-164.

amplo – dentre as quais, os serviços públicos – entende-se que o *processo privatizante* não altera o regime jurídico das atividades econômicas prestadas segundo o art. 175 da CF, mas antes o intensifica, pelo recurso ao contrato de concessão e ao ato de permissão, formalizados entre as empresas privadas e a Administração Pública.[110]

1.5. A relação jurídica entre prestadores (públicos ou privados) e usuários de serviços públicos

Os serviços públicos enquanto atividade econômica têm sido prestados, a partir das transformações trazidas pela Constituição de 1934, pela Administração Pública *indireta* (leia-se autarquias, fundações públicas, sociedades de economia mista e empresas públicas). Com o advento do processo de privatização e da Lei das Concessões e Permissões (Lei nº 8.987/95), a prestação dos serviços públicos se apresenta segundo uma nova

---

[110] Em que pesem os argumentos favoráveis às privatizações das atividades econômicas do Estado – em especial, o de que estas atividades tendem a ser prestadas com mais eficiência e qualidade – a verdade é que este processo privatizante tem sido alvo das mais ferrenhas críticas, principalmente no que diz respeito à maneira como as empresas públicas e sociedades de economia mista foram (e estão sendo) passadas para a iniciativa privada. Quanto a essas críticas, cabe lembrar – diga-se de passagem, com profundo pesar – que no dia 21 de julho de 2000 o país perdeu o jornalista Aloysio Biondi, um profundo conhecedor da realidade econômica brasileira. Biondi combateu – talvez como ninguém – a política econômica do governo de Fernando Henrique Cardoso. Dentre outras coisas, escrevia artigos mensais para a Revista Caros Amigos, e recentemente, publicou *O Brasil privatizado: um balanço do desmonte do Estado*, no qual explicitou o processo de privatização das atividades econômicas (em sentido amplo), mostrando as deformidades advindas da compra e venda das empresas estatais, e as imposições que as empresas compradoras fizeram aos governos federal e estaduais – e que estes governos cumpriram – em detrimento dos cidadãos (Cf. BIONDI, 1999, 48p). Este trabalho não pretende assumir uma posição definitiva sobre as privatizações, em especial daquelas que se realizaram nos serviços públicos. Entretanto, não se pode fechar os olhos para a realidade. A reverência feita a Aloysio Biondi explica-se justamente pelo fato de que o jornalista mostrou como o governo se sujeitou aos "caprichos" das empresas privadas, e como esta sujeição pode trazer prejuízo aos cidadãos (consumidores) brasileiros. A partir das críticas de Biondi, os consumidores devem estar atentos, principalmente, à atuação das novas empresas prestadoras, a fim de evitar que prejuízos já existentes atentem contra o direito a uma *adequada e eficaz prestação dos serviços públicos*.

tendência, baseada na prevalência do processo de delegação por contrato (concessões) ou ato administrativo (permissões), em detrimento da *descentralização administrativa*.

Sendo assim, importa considerar que a relação jurídica estabelecida entre a Administração Pública e os concessionários ou permissionários é distinta daquela, estabelecida entre os prestadores (a própria Administração Pública ou empresas privadas) e *os cidadãos (usuários)*. No caso das concessões entre Administração Pública e empresas privadas, p. ex., existe um contrato *administrativo*, regido pelas regras e princípios de direito público (em especial, do Direito Constitucional e do Direito Administrativo). Já a relação jurídica que se estabelece entre prestadores (públicos ou privados) e *usuários* apresenta contornos mais vinculados ao direito privado. Trata-se de uma relação *obrigacional* entre particulares, formalizada, não poucas vezes, pelo instrumento jurídico do contrato.[111]

Ao Estado cabe regulamentar e fiscalizar as ações dos prestadores, uma vez que há uma flagrante desigualdade de forças entre esses e os usuários. Nestes termos, existem todos os elementos necessários para que se conceba a natureza jurídica atual desse vínculo entre prestadores e usuários: trata-se de uma *relação de consumo*.[112] E quanto aos usuários de serviços públicos, não resta dúvida de que são, antes de mais nada, *consumidores*.

Do exposto, torna-se imprescindível a análise da matéria atinente à prestação de serviços públicos *inserida na tutela jurídica do Código de Defesa do Consumidor*. Este diploma legal configura-se, com o auxílio da atual

---

[111] O contrato, é importante ressaltar, pode ser formalizado expressa ou tacitamente, assim como pode ser escrito ou verbal.

[112] Sobre o conceito de *relação de consumo*, tratará o próximo capítulo (itens nº 2.2.3 e 2.3.1). Antes, porém, cabe deixar bem claro que a relação de consumo ocorre não apenas entre os usuários e as empresas privadas. Existe relação de consumo entre os usuários e o Estado como fornecedor (Administração Pública *indireta*).

Lei 8.987/95 e de outras leis destinadas a regulamentar a prestação de certos serviços públicos, como o atual *sistema jurídico de proteção dos usuários (consumidores) de serviços públicos.*

Capítulo II

A tutela jurídica dos consumidores e a prestação dos serviços públicos

2.1. Motivações para o surgimento da tutela consumerista[113]

2.1.1. O fenômeno da massificação social

Inicialmente, importa considerar que a tutela consumerista não surgiu senão como resposta ao fenômeno conhecido como *massificação social*. De uma forma geral, pode-se afirmar o seguinte: a consolidação do poder político e econômico pela classe burguesa (leia-se Europa Ocidental e Estados Unidos) teve, como conseqüência mais relevante, o surgimento da Revolução Industrial no século XIX. Entretanto, contrastando com a idéia de progresso prometida pelos ideólogos do Liberalismo, o desenvolvimento do sistema capitalista de produção industrial desencadeou, conforme lembra Marshall, um enorme sistema de classes extremamente desiguais.[114]

---

[113] A tutela consumerista, ou tutela jurídica dos consumidores, considerada de uma forma global, é recente, não possui mais do que três décadas no ordenamento jurídico dos Estados. No Brasil, em que pese a existência de leis esparsas dispondo sobre o funcionamento de órgãos de fiscalização (os Procons estatuais, p. ex.) entre as décadas de 70 e 80, pode-se dizer que a tutela consumerista existe há pouco mais de treze anos (nasceu com a Constituição Federal de 1988 e ganhou toda uma sistematização normativa com a criação do Código de Defesa do Consumidor). Entretanto, a doutrina jurídica brasileira já de longa data vislumbrava não apenas as desigualdades econômicas e políticas entre consumidores e fornecedores, como entendia ser absolutamente necessário o reconhecimento e a sistematização de uma ordem jurídica de proteção àqueles. Neste sentido, Fábio Konder Comparato aparece como um dos juristas que despertou para essa questão (Cf. COMPARATO, 1976, p. 81-105).
[114] MARSHALL, 1967, p. 76.

A transição do século XIX para o século XX serviu, então, de palco para um período de intensas reivindicações sociais, fruto da crise e transição pela qual passava o sistema capitalista da época.[115] Surgiram, assim, as lutas dos trabalhadores fabris por melhores condições de trabalho e salário, o sindicalismo foi fortalecido e, no início do século XX, o Constitucionalismo inovou na consagração de novos direitos *socioeconômicos*.[116] Entretanto, se não se pensava ainda em uma efetiva proteção jurídica aos consumidores, já se podia vislumbrar que o Direito Constitucional recepcionava, além dos direitos individuais tradicionais, novos direitos de índole *coletiva ou grupal*.[117] E o porquê desses direitos merecerem reconhecimento constitucional prende-se, então, à constatação de que a sociedade começava a se *massificar* no âmbito do sistema econômico capitalista.[118]

Deste modo, a *massificação social* pode ser entendida como fenômeno de um tipo de *sociedade* onde não existem indivíduos, mas simplesmente *massas*. Nestas, por sua vez, existem apenas *conjuntos humanos*, i. é, um aglomerado de homens anônimos e despersonalizados.[119] Sua importância para o Direito reside nas características seguintes: a) presença de grande número de indivíduos em situações que, via de regra, são transitórias; b) despersonalização dos indivíduos envolvidos em tais situações.[120]

A partir da segunda metade do século XX, o sistema capitalista de produção industrial sofreu uma enor-

---

[115] Sobre o período de transição do sistema capitalista entre os séculos XIX e XX – capitalismo do Estado Liberal Clássico para o capitalismo do Estado Interventor – v. MOREIRA, 1978, p. 37-38.
[116] BONAVIDES, 1998, p. 205-211. O autor destaca como paradigmática a Constituição da República de Weimar (1918). No Brasil, a já citada Constituição de 1934 também pode ser enquadrada na nova inspiração do Constitucionalismo *socioeconômico*, responsável pela estruturação jurídica do novo modelo estatal (Estado de bem-estar social e interventor direto na economia – *Welfare State*).
[117] DONATO, 1993, p. 17.
[118] COMPARATO, 1976, p. 84.
[119] DÍEZ-PICAZO, 1978, p. 23.
[120] *Idem*, p. 25.

me transformação e, se até então o conceito de *qualidade de vida* em uma sociedade massificada traduzia-se pelo *viver no setor urbano*, passou a ser definido em função da *capacidade para o consumo*.[121] Os fornecedores, cientes desta situação, passaram a investir em novas técnicas de venda, no aprimoramento do *marketing*, tudo para "seduzir" os consumidores a adquirir os bens e serviços postos à disposição no mercado.[122]

O fenômeno da *massificação social* e a emergência de uma *sociedade de produção/consumo da massa* tornou-se, então, fato inquestionável.[123] A importância dessa afirmação para o Direito traduziu-se, nos países desenvolvidos, em termos de políticas públicas[124] e convenções internacionais,[125] a partir da década de sessenta. O Estado foi chamado à *intervenção* que, longe de abolir a lógica do mercado e o sistema capitalista, pretendeu apenas *equilibrar* os interesses conflitantes entre consumidores e fornecedores.[126]

Desta feita, se a *intervenção do Estado* procurou sanar o *desequilíbrio* nas relações de consumo, pode-se concluir que uma das partes envolvidas se apresentava, até então, como mais *vulnerável* do que a outra. Ou, como prefere Donato:

"O consumidor, destinatário de todo esse processo altamente produtivo, deveria configurar-se como o

---

[121] BUARQUE, 1993, p. 157.
[122] DONATO, 1993, p. 17.
[123] CAPPELLETTI, 1975, p. 365.
[124] Nos Estados Unidos, John Kennedy levantou como "bandeira eleitoral" à Presidência da República a defesa dos consumidores. Uma vez eleito, em sua primeira mensagem ao Congresso norte-americano, reafirmou os compromissos de campanha, salientando e prometendo defender os *direitos básicos dos consumidores*. (Cf. AMARAL, 1989, p. 32).
[125] Trata-se da Resolução nº 39.248/85 e da 29ª sessão da Comissão de Direitos Humanos (Genebra – 1973), ambas da ONU *(Idem, ibidem)*.
[126] A intervenção estatal no sentido de proteger os consumidores se deu, a bem da verdade, na intenção de equilibrar o próprio sistema capitalista, da mesma forma como os idealizadores do *Welfare State* entenderam necessária a modificação do papel estatal diante das demandas sociais emergentes e da própria economia de mercado. Sobre a lógica do *Welfare State*, v. REICH, 1990, p. 265.

maior beneficiário dessas transformações (...) Entretanto, em face das extraordinárias proporções alcançadas por esse processo produtivo, cada vez mais fortalecido, o consumidor, já imbuído do espírito consumerista que esse mesmo processo veio a impingir-lhe, tornava-se vulnerável".[127]

Para a ordem jurídica, não basta apenas consagrar *direitos*. É preciso fundamentá-los em *princípios jurídicos*. E o princípio jurídico que fundamenta a proteção aos consumidores é o *princípio da vulnerabilidade*. Ele é o *cerne* da tutela jurídica dos consumidores, motivo pelo qual cabe analisar a sua incidência, em especial, na ordem jurídica brasileira.

2.1.2. O princípio da vulnerabilidade dos consumidores

A tutela consumerista surgiu, assim, da constatação de que os consumidores encontravam-se num plano de inferioridade nas relações de consumo, que o Direito precisava reconhecer por meio de um princípio jurídico.

Como visto, o fenômeno da *massificação social*, iniciado com as transformações trazidas pela Revolução Industrial (século XIX) e reconhecido pelo Direito através da mudança no Constitucionalismo do século XX, transformou o conceito de *qualidade de vida* em *consumo de massa*. A partir de então, o sistema capitalista voltou sua atenção para as *necessidades dos consumidores*, parecendo então paradoxal afirmar que, ao invés de os mesmos se tornarem "os reis do sistema" acabaram definitivamente sendo considerados o pólo fraco das relações de consumo.[128] O paradoxo se desfaz, no entanto, se a realidade social for examinada desde o ponto de vista da desigualdade entre os cidadãos e os fornecedores, *privados ou públicos*, de produtos e serviços no mercado de consumo.

---

[127] DONATO, 1993, p. 18.
[128] *Idem, ibidem.*

No Brasil, a Constituição Federal deixou *implícito* o princípio da vulnerabilidade, no lineamento do art. 5º, XXXII,[129] mas o Código de Defesa do Consumidor o consagrou expressamente em seu art. 4º, I, *verbis:* "A Política Nacional de Relações de Consumo tem por objetivo o ... I – reconhecimento da vulnerabilidade do consumidor no mercado de consumo".

A leitura do artigo traz os seguintes questionamentos: de que vulnerabilidade tratou o legislador ? Existe apenas uma vulnerabilidade? Inicialmente, pode-se dizer que a *vulnerabilidade* é

"...o princípio pelo qual o sistema jurídico positivado brasileiro reconhece a qualidade daquele ou daqueles sujeitos mais fracos na relação de consumo, tendo em vista a possibilidade de que venham a ser ofendidos ou feridos, na sua incolumidade física ou psíquica, bem como no âmbito econômico, por parte do sujeito mais potente da mesma relação".[130]

É um princípio jurídico *geral* que consagra uma *presunção*. Os consumidores (todos eles) são considerados os mais fracos, não sendo necessário provar sua vulnerabilidade perante os fornecedores de produtos e(ou) serviços. A vulnerabilidade distingue-se da *hipossuficiência*. Enquanto a primeira constitui princípio de *direito material,* e regra instrínseca a todos os consumidores, a hipossuficiência diz respeito apenas ao *direito processual,* e necessita ser provada no *caso concreto*.

"... a hipossuficiência é um conceito relacionado ao processo e à possibilidade de custeá-lo, enquanto a vulnerabilidade é um conceito que relaciona as forças em geral dos dois pólos da relação de consumo, verificando se um é mais fraco que o outro".[131]

---

[129] ALMEIDA, 1993, p. 11 e 17.
[130] MORAES, 1999, p. 96.
[131] *Idem,* p. 122. No mesmo sentido, Roberto Senise Lisboa sustenta que "... não é sempre que o consumidor pode ser considerado hipossuficiente, mas ele sempre é vulnerável. O consumidor vulnerável pode ser hipossuficiente ou não. A lei não entende que a hipossuficiência equivale à vulnerabilidade. Pelo contrário. Do microssistema jurídico em questão pode-se concluir que

A hipossuficiência, como conceito de direito *processual*, aparece, p. ex., no art. 6º, VIII, do CDC, o qual faculta ao juiz a concessão da *inversão do ônus da prova* em favor dos consumidores quando o mesmo constatar, dentre outras coisas, a *hipossuficiência* do(s) consumidor(es) em juízo.[132] A vulnerabilidade, ao contrário, é princípio que abrange a todos os consumidores indistintamente.[133]

Em resposta às indagações feitas há pouco, a vulnerabilidade dos consumidores pode ocorrer de várias formas. Assim, existem: 1) a *vulnerabilidade técnica* (dentre outras coisas, pela falta de informações adequadas sobre os produtos e serviços postos no mercado de consumo);[134] 2) a vulnerabilidade *jurídica* (dificuldades dos consumidores para a defesa de seus direitos);[135] 3) a vulnerabilidade *política ou legislativa* (dificuldades na formação de associações de representação dos consumi-

todo consumidor é vulnerável, porém nem todo consumidor é hipossuficiente" (Cf. LISBOA, 2001, p. 88).
[132] Dispõe o art. 6º, VIII, do CDC: "São direitos básicos do consumidor: VIII - a facilitação da defesa de seus direitos, inclusive com a inversão do ônus da prova, a seu favor, no processo civil, quando, a critério do juiz, for verossímil a alegação ou quando for ele hipossuficiente, segundo as regras ordinárias de experiências".
[133] A tutela consumerista presume a vulnerabilidade de *todos* os consumidores, porque devemos considerá-los, no dizer de Cláudia Lima Marques, como *novos sujeitos de direito pós-moderno*, i. é, como sujeitos de direito inseridos neste *complexo* contexto social de nossa época, o qual se convencionou chamar de *pós-modernidade* (Cf. MARQUES, 2000, p. 67). A autora faz uma observação muito interessante, que não poderia deixar de ser citada: "Defendo a idéia de que a crise da pós-modernidade no direito advém também da modificação dos bens economicamente relevantes, que na Idade Média eram os bens imóveis, na Idade Moderna, o bem móvel material e que na Idade Atual seria o bem móvel imaterial ou o desmaterializado 'fazer' dos serviços, do *software*, da informação, do lazer, da segurança, da educação, da saúde, do crédito..." (*Idem*, p. 64). Quanto às características do chamado *direito pós-moderno*, interessante é, também, a observação de Roberto Senise Lisboa: "O direito pós-moderno procura restabelecer o equilíbrio da relação jurídica, partindo do pressuposto segundo o qual há, em determinadas situações, a inferioridade ou a vulnerabilidade de uma das partes (...) A vulnerabilidade da parte presumivelmente mais fraca torna-se cada vez mais patente em decorrência do avanço tecnológico e da complexidade das informações referentes aos produtos e serviços lançados no mercado de consumo" (Cf. LISBOA, 2001, p. 40).
[134] MORAES, 1999, p. 116.
[135] *Idem*, p. 120.

dores);[136] 4) a vulnerabilidade *biológica ou psíquica* (influência da mídia sobre as necessidades dos consumidores);[137] 5) A vulnerabilidade *ambiental* (produtos nocivos à saúde dos consumidores pelo mal que causam também ao meio ambiente).[138]

Além dessas cinco espécies de vulnerabilidade, há ainda mais uma que se pretende ressaltar em relação às demais: a vulnerabilidade *econômica e social*.

" A vulnerabilidade econômica e social decorre diretamente da disparidade de forças existente entre os consumidores e os agentes econômicos, relevando que eles possuem maiores condições de impor a sua vontade àqueles, por intermédio da utilização dos mecanismos técnicos mais avançados que o poderio monetário pode conseguir".[139]

Existem, principalmente no campo do *direito dos contratos*,[140] claríssimos exemplos de como os fornecedores podem impor sua vontade, em detrimento da vontade dos consumidores, através da estipulação de cláusulas unilaterais. Os chamados *contratos de massa* são celebrados mediante a adesão dos consumidores à vontade dos fornecedores, verdadeiros *donos do contrato*, visto que apenas eles participam do processo de elaboração do mesmo.[141]

Além do princípio jurídico da vulnerabilidade dos consumidores, existem outros princípios que fundamentam a tutela consumerista estando, no entanto, vin-

---
[136] *Idem*, p. 133.
[137] *Idem*, p. 144-155.
[138] *Idem*, p. 174.
[139] *Idem*, p. 155.
[140] A expressão "direito dos contratos" é utilizada por Fernando Noronha (Cf. NORONHA, 1994, 263p).
[141] Fica clara a dificuldade dos consumidores concretizarem, em seu favor, o princípio da autonomia da vontade nas relações contratuais, em face do fenômeno da massificação social. Neste sentido, são precisas as palavras de Clóvis do Couto e Silva: "A subordinação dos negócios jurídicos dos particulares às diretrizes de uma planificação econômica altera, profundamente, a liberdade de contratar, entendida em sentido clássico" (Cf. COUTO E SILVA, 1976, p. 20). Sobre o tema, v. MARTINS-COSTA, 1992, p. 129.

culados àquele. São, pois, os princípios da *norma* e das *presunções favoráveis* aos consumidores, ambos decorrentes da função eminentemente *protetiva* das normas jurídicas do CDC.¹⁴² A tutela jurídica dos consumidores, motivada pelo princípio maior da vulnerabilidade, constitui-se em conjunto de *normas de ordem pública* (art. 1º do CDC),¹⁴³ i. é, de normas jurídicas que consagram direitos, cujo conteúdo é *irrenunciável*, tanto pelos consumidores, quanto pelo Estado – o qual tem o dever constitucional de garantir a efetivação desses direitos.

2.2. A tutela jurídica dos consumidores brasileiros: da Constituição de 1988 ao Código de Defesa do Consumidor

2.2.1. Exigência constitucional

A tutela jurídica dos consumidores brasileiros existe, efetivamente, há pouco mais de treze anos. E pode-se dizer que ela não foi, senão, o resultado de uma exigência constitucional. De fato, a doutrina há muito tempo alertava para o desenvolvimento de um sistema de normas tendentes a uma efetiva proteção dos consumidores brasileiros,¹⁴⁴ mas o mesmo só foi possível com o advento da Constituição Federal de 1988.

Assim é que o art. 5º, XXXII, da CF consagrou a defesa do consumidor como *garantia constitucional*¹⁴⁵ e o

---
[142] ALMEIDA, 1993, p. 34-35.
[143] Dispõe o art. 1º do CDC: "O presente código estabelece normas de proteção e defesa do consumidor, de ordem pública...".
[144] Cf., *supra,* item nº 2.1 (nota nº 113).
[145] Adota-se aqui a distinção entre *direitos* e *garantias de direitos*. O art. 5º, XXXII, da Constituição seria a garantia constitucional aos direitos dos consumidores, e não o direito fundamental dos consumidores. Segundo Sérgio Cademartori "... as *garantias* são consideradas por esta teoria [o garantismo] como técnicas de limitação da atuação do Estado no que respeita aos direitos fundamentais de liberdade e técnicas de implementação daquela mesma ação no que diz respeito aos direitos sociais" (Cf. CADEMARTORI, 1999, p. 86). Afirma ainda o autor: "...quando se fala em garantia, e em garantismo, pretende-se indicar as tutelas e defesas que protegem um bem específico, e este bem específico é constituído pelas posições dos indivíduos na sociedade

art. 48 do ADCT (Ato das Disposições Constitucionais Transitórias) obrigava o Congresso Nacional a elaborar a *lei* a que se referia o mencionado inciso do art. 5º da Constituição. Assim, em que pese alguns percalços por que passaram os legisladores responsáveis pela sua elaboração,[146] o Código de Defesa do Consumidor (Lei nº 8.078, de 11 de setembro de 1990) despontou, no ordenamento jurídico pátrio, como sistema normativo tendente a concretizar a *intervenção estatal* nas atividades econômicas (públicas e privadas) que são, por sua vez, objeto das *relações de consumo*.

2.2.2. Defesa do consumidor como princípio constitucional da Ordem Econômica

Inseridos no texto constitucional os princípios, entendidos como *espécies de normas jurídicas*,[147] enunciam os *valores* pelos quais deve-se orientar todo o ordenamento jurídico infraconstitucional. Deste modo, cabe precisar a recepção, na CF de 1988, dos princípios norteadores da chamada *Ordem Econômica*, onde a *defesa do consumidor* surge como um desses princípios.

---

política, isto é, pelas liberdades individuais e direitos sociais e coletivos" (*Idem, ibidem*).

[146] Segundo Ada Pellegrini Grinover e Antônio Herman de Vasconcelos e Benjamin, existiu uma tentativa de descaracterizar o CDC como um Código, a fim de considerá-lo como simples lei ordinária. Contrários a essa postura, afirmam os autores: "A dissimulação daquilo que era código em lei foi meramente cosmética e circunstancial. É que, na tramitação do Código, o *lobby* dos empresários, notadamente da construção civil, dos consórcios e dos supermercados, prevendo sua derrota nos plenários das duas Casas, buscou, através de uma manobra procedimental, impedir a votação do texto ainda naquela legislatura, sob o argumento de que, por se tratar de Código, necessário era respeitar um *iter* legislativo extremamente formal, o que, naquele caso, não tinha sido observado. A artimanha foi superada rapidamente com o contra-argumento de que aquilo que a Constituição chamava de Código assim não o era. E dessa forma, o Código foi votado com outra qualidade, transformando-se na Lei nº 8.078, de 11 de setembro de 1990. Mas, repita-se, não obstante a nova denominação, estamos, verdadeiramente, diante de um Código, seja pelo mandamento constitucional, seja pelo seu caráter sistemático. Tanto isso é certo que o Congresso Nacional sequer se deu ao trabalho de extirpar do corpo legal as menções ao vocábulo Código (arts. 1º, 7º, 28, 37, 44, 51 etc.)" (GRINOVER, 2001, p. 9).

[147] ALEXY, 1993, p. 88-89.

A expressão *ordem econômica* pode ser entendida como uma ordem *não*-constitucional ou como uma ordem *constitucional*, conforme sua análise recaia sobre a ordem jurídica do Estado Liberal (séculos XVIII e XIX), ou do Estado Intervencionista (século XX), respectivamente. Entre ambas, no entanto, existe um ponto em comum, revelador do sentido mais apropriado para a análise da expressão: a ordem econômica não é outra coisa, senão uma *parcela da ordem jurídica*.[148]

Partindo da afirmação de que a expressão "ordem econômica" só foi incorporada à linguagem dos juristas no limiar do século XX, pode-se afirmar que a *transição* (que não significa *ruptura*) da ordem econômica liberal para a ordem econômica (constitucional) do Estado Intervencionista, é o momento histórico no qual se inscreve a ordem econômica enquanto parcela da ordem jurídica *constitucional*.[149] Ou seja, a ordem econômica em questão é a parcela da ordem jurídica expressa no novo modelo constitucional – a *Constituição Econômica*[150] –

---

[148] GRAU, 2000, p. 43-74. De fato, afirma o autor que: "...ordem econômica, parcela da ordem jurídica (mundo do dever-ser), não é senão o conjunto de normas que institucionaliza uma determinada ordem econômica (mundo do ser) (...) Ora, este sendo – como, de fato, é – o conteúdo do conceito de ordem econômica, dúvida não resta quanto a sua existência nas Constituições liberais (...) Assim, mesmo anteriormente ao advento das Constituições escritas, lá se encontravam, em cada sociedade, no bojo de suas ordens jurídicas, como parcela delas, *normas institucionalizadoras* das ordens econômicas (mundo do ser) nelas praticadas" (*Idem*, p. 55-56).

[149] *Idem*, p. 54. Sobre o fato da sucessão entre as ordens econômicas não ter ocorrido por meio de uma *ruptura*, pronuncia-se o autor: "A ordem econômica (mundo do dever ser) capitalista, ainda que se qualifique como *intervencionista*, está comprometida com a finalidade de preservação do capitalismo" (*Idem*, p. 58). A distinção entre a ordem econômica liberal e a ordem econômica intervencionista consiste no fato de que a primeira não necessitava estar expressa no texto de uma Constituição, pois estava implícita na realização dos princípios basilares do Liberalismo, quais sejam, a garantia dos direitos e liberdades individuais (principalmente, o direito de propriedade e a liberdade contratual), e a não-intervenção direta do Estado em atividades econômicas. Ou seja: "...bastava o que definido, constitucionalmente, em relação à propriedade privada e à liberdade contratual, ao quanto, não obstante, acrescentava-se umas poucas disposições veiculadas no nível infraconstitucional" (*Idem*, p. 56). Sobre a evolução e rompimento da ordem econômica Liberal, seguido da ordem econômica Intervencionista, v. HORTA, 1991, p. 5-19.

[150] Estruturalmente, a Constituição Econômica estaria subdividida em: *a) constituição estatutária (ou orgânica); b) constituição diretiva (ou programática)*. Para Eros Roberto Grau, as Constituições estatutárias são aquelas "...que se

estruturador do Estado *Social ou Intervencionista*. Ou, como prefere Luís Moncada:

"A regulação da economia pela constituição demonstra-nos que esta não contém somente a organização e actividade dos órgãos do poder político e, quando muito, o modo de ser das relações entre aquele e o indivíduo, mas verdadeiramente, além disso, um princípio estruturante do todo da vida social, com destaque, ainda que implícito, para a economia. Ao mesmo tempo permite-nos inferir um conjunto de princípios gerais que conferem unidade de sentido à economia, fazendo dela uma ordem normativa, e que nos possibilitam um seu estudo científico, para além do simples casuísmo".[151]

No Brasil, quanto à ordem econômica na CF de 1988, pode-se afirmar que a sistematização da *Ordem Econômica (e Financeira)* no Título VII da Carta Magna, apresenta os *princípios gerais da atividade econômica*, indicadores de uma Constituição Econômica *Diretiva ou Programática*.[152] E dentre os princípios da atividade eco-

---

bastam em definir um estatuto de poder, concebendo-se como mero 'instrumento de governo', enunciadoras de competências e reguladoras de processos" (Cf. GRAU, 2000, p. 60). Já as Constituições diretivas ou programáticas são aquelas "... que não se bastam em conceber como mero 'instrumento de governo', mas, além disso, enunciam diretrizes, programas e fins a serem pelo Estado e pela sociedade realizados" (*Idem*, p. 61). Na doutrina portuguesa, Luís S. Cabral de Moncada faz a seguinte distinção entre Constituição estatutária e programática: "A CE estatutária é composta pelo conjunto de normas que caracterizam uma certa e determinada forma económica, que justamente a identificam enquanto tal. É o caso por exemplo das normas que definem o conteúdo e limites dos direitos de propriedade e de livre iniciativa privadas (...) A CE programática visa estabelecer uma determinada ordem económica alterando ao mesmo passo a estrutura económica existente (...) é contudo uma consequência directa da constitucionalização de uma escala de valores cuja realização se entende ser natural no modelo do Estado de Direito Social " (Cf. MONCADA, 1988, p. 82-83).

[151] *Idem*, p. 83.

[152] Segundo Eros Roberto Grau "... o art. 170 da Constituição, cujo enunciado é, inquestionavelmente, normativo, deverá ser lido: as relações econômicas – ou a atividade econômica – *deverão ser* (*estar*) fundadas na valorização do trabalho humano e na livre iniciativa, tendo por fim (fim delas, relações econômicas ou atividade econômica) assegurar a todos existência digna, conforme os ditames da justiça social, observados os seguintes princípios..." (Cf. GRAU, 2000, p. 51).

nômica, a Constituição consagra a *defesa do consumidor* (art. 170, V).

Para Eros Roberto Grau, o princípio constitucional da defesa do consumidor cumpre dupla finalidade. A primeira, consiste em realizar o objetivo geral da ordem econômica qual seja, o de *assegurar a todos uma existência digna*.[153] A segunda finalidade do princípio diz respeito ao cumprimento do objetivo específico (defesa do consumidor).[154] Segundo José Afonso da Silva, o art. 170, V, da CF possui dupla classificação: *a) de uma forma mais ampla*, é norma constitucional de princípio programático;[155] *b) especificamente*, é princípio político constitucional-conformador da ordem econômica.[156]

Em suma, a *defesa do consumidor* como princípio da ordem econômica é *norma constitucional de aplicação imediata*. Isso implica a afirmação de que o Estado não poderá fugir ao *compromisso* de agir no sentido de efetivar a realização do significado (valor) implícito no mencionado princípio, qual seja, o de que o consumidor, *por ser a parte mais vulnerável nas relações de consumo*, merece uma tutela jurídica especial, cujo escopo maior consiste em equilibrar essas relações econômicas que

---

[153] *Idem*, p. 262. A *dignidade da pessoa humana*, antes de fundamentar a ordem econômica, é fundamento para a existência do próprio Estado Brasileiro (art. 1º, III da CF).
[154] *Idem, ibidem*.
[155] "...podemos conceber como *programáticas, aquelas normas constitucionais através das quais o constituinte, em vez de regular, direta e imediatamente, determinados interesses, limitou-se a traçar-lhes os princípios para serem cumpridos pelos seus órgãos (legislativos, executivos, jurisdicionais, e administrativos), como programas das respectivas atividades, visando à realização dos fins sociais do Estado*" (Cf. SILVA, 1998, p.138).
[156] Afirma ainda José Afonso da Silva: "É de extrema importância (...) distinguir as disposições programáticas e os princípios políticos constitucionais conformadores das ordens econômica e social. Estes princípios são programáticos, mas apenas no sentido de que definem as bases dos fins e tarefas estatais e enquanto põem os objetivos e determinações do programa a ser cumprido pelo Estado. Constituem Direito imediatamente vigente e são diretamente aplicáveis (...) Os demais princípios informadores da ordem econômica – (...) defesa do consumidor (...) – são da mesma natureza. Apenas esses princípios preordenam-se e hão que harmonizar-se em vista do *princípio-fim* que é a realização da justiça social, a fim de assegurar a todos existência digna" (*Idem*, p. 143-144).

envolvem a prestação e o consumo de bens (produtos) e atividades econômicas (serviços).

2.2.3. O Código de Defesa do Consumidor e o Direito Econômico

No cumprimento do princípio constitucional da *defesa do consumidor*, a tutela jurídica dos consumidores revela uma *intervenção estatal*,[157] absolutamente necessária para concretizar este princípio que, como se viu, tem aplicação imediata na ordem econômica, entendida como *parcela da ordem jurídica*.

Uma vez analisada a *defesa do consumidor* enquanto princípio da ordem econômica constitucional brasileira, é importante salientar que o Código de Defesa do Consumidor, não obstante sua denominação de *microssistema jurídico*,[158] deve ser compreendido como uma *parte* de um sistema jurídico mais amplo, conhecido como *Direito Econômico*.[159] Tendo surgido um pouco

---

[157] ALMEIDA, 1993, p. 17-20.

[158] José Geraldo Brito Filomeno, em seus comentários ao Código de Defesa do Consumidor, afirma o seguinte: "Pelo que se pode observar, por conseguinte, trata-se de uma lei de cunho *inter e multidisciplinar*, além de ter o caráter de um verdadeiro *microssistema jurídico*" (GRINOVER, 2001, p. 19). A expressão "microssistema jurídico" está associada, no entender de Roberto Senise Lisboa, ao fenômeno da descodificação. Ou seja, o surgimento dos microssistemas se deve à constatação de que as grandes codificações liberais não poderiam dar respostas às intensas modificações na sociedade ao longo do tempo. Assim, dignas de menção são as seguintes afirmações: "O monossistema codificado não se demonstrou ágil o suficiente para acompanhar as mudanças socioeconômicas implementadas pela rápida evolução tecnológica e pela globalização. A codificação burguesa possui uma visão míope do Direito atual e centraliza a regulação de deveres em torno da noção de patrimônio (...) Dotados de normas jurídicas que não estabelecem propriamente deveres, mas reconhecem valores a serem observados pelas pessoas em suas relações jurídicas, os microssistemas possuem como fundamento constitucional a proteção da pessoa e de sua dignidade e têm como objetivo a erradicação da pobreza e a solidariedade social" (LISBOA, 2001, p. 48 e 50).

[159] Além das normas jurídicas de proteção aos consumidores, também fazem parte do Direito Econômico as normas jurídicas de proteção ambiental. Sobre essas, posiciona-se Cristiane Derani: "Qualidade de vida, proposta na finalidade do direito econômico, deve ser coincidente com a qualidade de vida almejada nas normas de direito ambiental. Tal implica que nem pode ser entendida como apenas o conjunto de bens e comodidades materiais, nem como a tradução do ideal da volta à natureza, expressando uma reação e indiscriminado desprezo a toda elaboração técnica e industrial (Cf. DERANI, 1997, p. 77).

antes da Primeira Guerra Mundial[160] – e sendo concebido teoricamente como direito de *organização da economia*[161] – o Direito Econômico pode ser definido como um *ramo* autônomo da Ciência Jurídica, que não é necessariamente público ou privado.[162] Ou seja, não existe um Direito Econômico "público" ou "privado", mas um conjunto entrelaçado de normas pertencentes a ambos os campos jurídicos.[163]

Interpretando o pensamento de Ludwig Raizer, entende-se que, pela ótica do Direito Econômico, há a necessidade de alguns princípios jurídicos (de natureza pública) se sobreporem às normas e institutos jurídicos típicos (ou clássicos) do direito privado, a fim de concretizarem uma intervenção estatal que produza ou garanta, em função do interesse público, uma *ordem econômica e social desejada*.[164]

Após estas considerações sobre o que é, e sobre o que pretende o Direito Econômico, pode-se relacionar o mesmo às normas jurídicas de proteção aos consumidores. No Brasil, o CDC apresenta-se como um sistema

---

[160] "Um pouco antes da Primeira Guerra Mundial, em 1912, e sete anos antes da Constituição de Weimar, na cidade alemã de Jena, um grupo de juristas lá reunido lançou um manifesto precisamente intitulado *Por um novo direito*, tido como o documento primeiro do Direito Econômico, no qual propugnavam por um novo enfoque na interpretação da norma jurídica" (Cf. NUSDEO, 2001, p. 204).

[161] FARJAT, 1996, p. 41.

[162] Para Fábio Nusdeo, o Direito Econômico pode ser visto como método de análise e interpretação do Direito e como *ramo* do mesmo. Em relação ao segundo ponto de vista, afirma o autor que "... Trata-se, no entanto, de um ramo *sui generis*, ou seja, tem uma particularidade toda dele, que deriva do fato de as suas normas, em grande número de casos, estarem inseridas formalmente em outros ramos jurídicos, marcando-os porém com seu caráter de normas instrumentais de política econômica (...) Ele é, assim, um ramo intromissor com relação aos demais, mas não estranho à árvore, porque sai diretamente do tronco constitucional, precisamente da chamada constituição econômica (...) É, em suma, um direito de sobreposição, por se sobrepor a outros ramos jurídicos na regulação de determinadas relações sociais" (Cf. NUSDEO, 2001, p. 205-206). O referido autor destaca, ainda, que a qualidade de ramo autônomo da Ciência Jurídica está claramente evidenciada, no caso brasileiro, através do art. 24, I, da CF, o qual atribui à União e aos Estados competência concorrente para legislar, dentre outros, sobre *direito econômico*. (*Idem*, p. 205). No mesmo sentido, v. GRAU, 2000, p. 162-165.

[163] RAIZER, 1979, p. 14-15.

[164] *Idem*, p. 25.

normativo *interdisciplinar*. Ou seja, percebe-se a intersecção entre o direito público e o direito privado, já que o Código apresenta normas jurídicas afeitas ao estudo do Direito Constitucional, do Direito Civil (em especial o Direito das Obrigações Contratuais), do Direito Penal, do Direito Administrativo, dentre outros.

Em segundo lugar, as normas jurídicas do CDC – entendidas em sua acepção ampla, i. é, enquanto regras e princípios jurídicos – estão voltadas para a equilíbrio das relações de consumo, cuja natureza econômica é inconteste. A tutela jurídica dos consumidores brasileiros é fruto de uma intervenção estatal,[165] absolutamente necessária para o cumprimento de uma finalidade bem específica: *sobrepor o interesse público ou interesse do Estado* (que, neste caso, identifica-se com a proteção jurídica dos consumidores nas relações de consumo travadas no âmbito da economia de mercado)[166] ao *interesse privado* (que se identifica com os interesses dos fornecedores de produtos e serviços neste mesmo contexto).

Clara é, pois, a identificação das normas jurídicas do CDC com as características do Direito Econômico. Por esta razão, pode-se afirmar que o Código está estruturado para atender a uma *lógica econômica normativa (dever-ser)*. Ou seja, o CDC existe em função de um princípio constitucional da ordem econômica (art. 170, V, da CF), que pretende, acima de tudo, "...*assegurar a*

---

[165] O princípio da vulnerabilidade deve ser entendido como um princípio jurídico de natureza pública. Mais especificamente, é um princípio de *ordem pública*, no sentido de que deve ser observado tanto pelo próprio Estado quanto pela sociedade, não havendo possibilidade, por parte dos consumidores, de uma renúncia à titularidade dos direitos que estão fundamentados neste princípio. Com o CDC, o princípio da vulnerabilidade se sobrepõe aos princípios de direito privado como o da *liberdade contratual* (liberdade para definir o conteúdo dos contratos).

[166] A finalidade de trazer o *equilíbrio* às relações de consumo travadas em um mercado massificado (*mass market*) é tarefa inconteste do CDC, enfatizada por Mauro Cappelletti (Cf. CAPPELLETTI, 1993, p. 309). Sobre o conceito de *economia de mercado*, pronuncia-se José Matias Pereira: "...denomina-se *economia de mercado* aquela em que os centros de produção, oferta de bens e consumo são distintos, e a necessária ligação entre eles para o cumprimento da atividade econômica é determinada apenas pelas relações de troca" (PEREIRA, 1995, p. 115).

todos uma existência digna, conforme os ditames da justiça social".[167] A esta lógica econômica normativa contrapõe-se uma *lógica econômica fática (ser)*, responsável pela dinâmica social das relações de consumo.

Segundo Fernando Noronha, o conceito de relação de consumo pode assumir três acepções distintas: a) um conceito estrito: diz respeito às relações de consumo que têm origem predominantemente em um contrato; b) um conceito amplo: diz respeito às *relações obrigacionais de consumo*, que abrangem, inclusive, as relações contratuais; e c) um conceito amplíssimo: diz respeito a todas as relações jurídicas sobre interesses dos consumidores.[168]

Para este trabalho, adota-se o conceito amplo de relação de consumo. Estas são, portanto, *relações obrigacionais*, i. é, relações jurídicas que decorrem: a) das relações contratuais; b) das obrigações por declaração unilateral de vontade (as quais, em geral, resultam de atividades preparatórias de contratos); c) da responsabilidade (objetiva) dos fornecedores pelo fato ou vício de produto ou serviço (arts. 12 a 17 e 18 a 24 do CDC).[169]

Bem delimitado o conceito de relação de consumo, pode-se dizer o seguinte: a *lógica econômica fática*, da qual se tratou há pouco, demonstra como a dinâmica social das relações de consumo não visa a equilibrar a posição dos fornecedores e consumidores na economia de mercado, mas apenas a (re)alimentar esta mesma

---

[167] Cf. art. 170, *caput*, da CF.

[168] NORONHA, 1999(b), p. 148-151 Embora seja considerada uma noção restrita de relação de consumo, as relações contratuais possuem extrema relevância, em primeiro lugar, pela estreita relação do contrato com o direito de propriedade (Cf. ALMEIDA, 1982, p. 11). Em segundo lugar, pela evolução e importância dos contratos padronizados e de adesão. Frutos da massificação social, estes contratos traduzem a situação na qual os consumidores não possuem mais a chamada *liberdade contratual* (liberdade para escolher o conteúdo dos contratos), restando-lhes apenas a *liberdade para contratar* (liberdade para realizar ou não o contrato). Ocorre que a liberdade para contratar também é limitada, visto que, em muitos casos, os consumidores *precisam* realizar o contrato que lhes possibilite a aquisição do produto ou a prestação de determinado serviço. (Cf. NORONHA, 1994, p. 42).

[169] NORONHA, 1999(b), p. 150. Sobre a responsabilidade objetiva por fato e vício dos serviços (públicos) no CDC, tratará o item 2.3.4.

economia, segundo as normas jurídicas de direito privado (em especial, do Direito das Obrigações).[170] O CDC, como sistema normativo de Direito Econômico, é o resultado de uma intervenção estatal, cujo escopo maior consiste em concretizar os princípios constitucionais da ordem econômica, sobrepondo os mesmos àquela dinâmica social.

Do exposto, entende-se que, nas relações de consumo dos serviços públicos, a atividade dos prestadores (públicos ou privados) deverá respeitar o princípio maior da vulnerabilidade (art. 4º, I, do CDC) e efetivar o direito a uma *adequada e eficaz prestação de serviços públicos em geral* (art. 6º, X), pois esta é a razão da proteção jurídica dos consumidores enquanto objeto do Direito Econômico.

Nas palavras de Fernando Aguillar:

"...a disciplina dos serviços públicos veiculada pelo Direito Econômico adquire feição de condicionadora da atividade dos agentes econômicos, seja por meio de normas instrumentais, seja pela ação da administração indireta".[171]

O princípio da *supremacia do interesse público*, que possui sede tradicional no Direito Administrativo, atua também como princípio geral das normas jurídicas que compõem o Direito Econômico. No caso específico do CDC, o mencionado princípio está implícito no princípio específico da *vulnerabilidade dos consumidores*.

Evidencia-se assim que a finalidade do CDC (interesse público) não pode ser equiparada à finalidade das relações de consumo em sua *lógica econômica fática ou social*, por uma razão muito simples: o interesse público visa a proteger os consumidores enquanto a dinâmica social das relações de consumo instrumentaliza a economia de mercado, na qual o lucro é o objetivo principal.

---

[170] Esta afirmação não deixa de levar em conta a importância das relações de consumo na satisfação de necessidades muito importantes para os consumidores. A prestação de serviços públicos é, sem sombra de dúvidas, um bom exemplo desta observação.
[171] AGUILLAR, 1999, p. 110.

2.2.4. O conceito econômico de consumidor no CDC

O Código de Defesa do Consumidor cumpre, dentro do ordenamento jurídico brasileiro, a clara função de equilibrar as relações de consumo – que ocorrem segundo a lógica da economia de mercado (*lógica econômica fática*) – através da tutela jurídica da parte mais vulnerável: os consumidores. Esta afirmação é importante para que se compreenda o conceito central do Código, qual seja, o de *consumidor*, bem como o conceito de *serviço*, imprescindível para este trabalho.

O conceito de *consumidor* encontra várias interpretações, conforme o ramo científico sobre o qual se debruça sua análise. Desta feita, existem os conceitos *sociológico, psicológico, filosófico* etc.[172] Para o presente estudo, importa apenas o conceito *econômico*, visto que o mesmo foi considerado como adequado à elaboração do conceito *jurídico*, expresso no CDC.[173]

O conceito jurídico-econômico de consumidor encontra-se expresso no art. 2º, *caput*, do CDC.[174] O consumo é, para a economia de mercado, a última etapa do ciclo econômico, justificando-se a condição de *destinatário final*[175] para a caracterização do *consumidor*.

2.3. A prestação de serviços públicos no Código de Defesa do Consumidor

A matéria dos serviços públicos, inserida na tutela jurídica do CDC, está longe de um merecido tratamento doutrinário, como se tem visto em relação ao fornecimento de *produtos* e à prestação de *serviços privados*. A

---

[172] GRINOVER, 2001, p. 27.
[173] *Idem, ibidem*. No mesmo sentido, v. PEREIRA, 1995, p. 118.
[174] Dispõe o art. 2º do CDC: "Consumidor é toda pessoa física ou jurídica que adquire ou utiliza produto ou serviço como destinatário final".
[175] O ciclo econômico é caracterizado, no caso dos bens ou produtos, como trifásico (produção/circulação/consumo). Entretanto, quando se está diante do *fornecimento e consumo de serviços*, não existe a etapa intermediária da circulabilidade. Sobre o tema, v. ANDRADE, 1995, p. 64.

bem da verdade, existem pouquíssimos trabalhos sobre o tema na doutrina brasileira, o que, por um lado, torna a pesquisa mais difícil e, por outro, mais estimulante.[176] O motivo deste aparente "descaso doutrinário" se deve, talvez, à pouca referência feita pelo legislador ordinário à matéria dos serviços públicos no CDC. Assim, são cinco os momentos em que o Código se reporta a esse assunto.

2.3.1. O conceito genérico de serviço

Embora a doutrina assuma uma postura sobre o conceito de relação de consumo, a verdade é que não há um conceito específico no CDC.[177] Entretanto, ele existe de forma *implícita*, através da interpretação dos conceitos de *consumidor* e *fornecedor*, expressos nos arts. 2º e 3º do Código.[178]

A definição legal de *fornecedor*,[179] por sua vez, traz consigo as definições de *produto* (art. 3º, § 1º, do CDC) e

---

[176] Da pesquisa realizada na doutrina brasileira, especialmente em artigos de revistas especializadas, o tema dos serviços públicos enquanto objeto das relações de consumo pôde ser encontrado nos seguintes trabalhos: PASQUALOTO, 1992, p. 130-147; LAZZARINI, 1999, p. 21-28; MENEZELLO, 1996, p. 232-235; CAZZANIGA, 1994, p. 144-160. Da pesquisa realizada em livros sobre Direito do Consumidor, constata-se a brevidade dos autores em lidar com a matéria, visto que estes trabalhos ainda estão presos ao estudo das relações de fornecimento de produtos, e de prestação de serviços na esfera privada, i. é, no âmbito das relações contratuais entre particulares (entre pessoas jurídicas de direito privado ou entre estas e os consumidores enquanto pessoas físicas). No estudo das relações de consumo enquanto relações contratuais privadas, destaca-se o trabalho de Cláudia Lima Marques (Cf. MARQUES, 1992, p. 91-92).
[177] No item nº 2.2.3 (nota nº 168) foi citada a posição de Fernando Noronha sobre o conceito. No âmbito do CDC, repita-se, o conceito de relação de consumo não existe de forma expressa, como ocorre com os conceitos de consumidor, fornecedor, produto e serviço.
[178] TIMM, 1998, p. 64.
[179] Dispõe o art. 3º, *caput*, do CDC: "Fornecedor é toda pessoa física ou *jurídica, pública ou privada, nacional ou estrangeira*, bem como os entes despersonalizados, que desenvolvem atividade de produção, montagem, criação, construção, transformação, importação, exportação, distribuição ou comercialização de produtos ou *prestação de serviços*" (grifamos). As expressões grifadas apresentam os requisitos para a delimitação do fornecedor (prestador) de serviços públicos.

serviço (art. 3º, § 2º).[180] O art. 3º, § 2º, do CDC estabelece um conceito *genérico* de serviço, no qual está implícita a prestação de serviços públicos.

A natureza econômica dos serviços públicos, bem como a relação de consumo obrigacional (muitas vezes, de natureza contratual) e a desigualdade de forças entre os usuários (consumidores) e os prestadores (públicos ou privados) nessa relação jurídica, explicam a inserção da matéria no sistema normativo do Código.[181] A partir deste entendimento, torna-se fácil compreender a intenção dos dispositivos legais do Código que tratam da prestação de serviços públicos.

2.3.2. A prestação de serviços públicos como princípio da Política Nacional de Relações de Consumo

O CDC cuidou, em seu art. 4º, dos *princípios* relativos à Política Nacional de Relações de Consumo. João Batista de Almeida destaca, dentre os objetivos da PNRC, a compatibilização e harmonização dos interesses conflitantes entre consumidores e fornecedores de produtos e serviços.[182] A fim de cumprir esse e os outros objetivos da PNRC, o Código prevê a interação entre o Estado e a *sociedade civil*,[183] cujas ações estarão funda-

---

[180] Dispõe o art. 3º, § 2º, do CDC: *"Serviço é qualquer atividade fornecida no mercado de consumo, mediante remuneração, inclusive as de natureza bancária, financeira, de crédito e securitária, salvo as decorrentes das relações de caráter trabalhista"* (grifamos). As expressões grifadas apresentam os requisitos para a delimitação dos serviços públicos como *relação de consumo*.

[181] Como já foi dito anteriormente (item nº 1.3.6. (nota nº 62)), a posição adotada no trabalho rejeita a clássica distinção entre serviços públicos *uti universi* e *uti singuli*. Não existem serviços públicos *uti universi*, mas *funções irrenunciáveis do Estado*. Os serviços públicos são sempre *uti singuli*, i. é, atividades econômicas cujos destinatários finais (os cidadãos-usuários, os consumidores) podem ser perfeitamente identificáveis, assim como o valor a ser pago por estes consumidores (a remuneração) aos prestadores (públicos ou privados), também pode ser perfeitamente mensurável.

[182] ALMEIDA, 1993, p. 10.

[183] O conceito de sociedade pode significar apenas um aglomerado de indivíduos, como sustenta, p. ex., o já citado conceito de sociedade de massas (item nº 2.1.1.). Portanto, não cabe confundir *sociedade pura e simplesmente* com *sociedade civil*, pois esta pressupõe um certo grau de consciência e organização sociais. Segundo Liszt Vieira: "A sociedade civil (...) é concebida como esfera de interação social entre a economia e o Estado, composta principal-

mentadas nos *princípios* elencados ao longo do art. 4º (como o reconhecimento da vulnerabilidade dos consumidores – art. 4º, I).[184]

E dentre esses princípios destaca-se o da *racionalização e melhoria dos serviços públicos* (art. 4º, VII).[185] Ou seja, tanto o Estado quanto a sociedade civil devem pautar suas ações para que os serviços públicos sejam prestados sempre com qualidade, i. é., de forma *adequada*. Estabelece-se aqui uma relação entre o CDC e a Lei nº 8.987/95 que, como visto, conceitua o que venha a ser um serviço público *adequado*.

2.3.3. A prestação de serviços públicos como direito básico do consumidor

A matéria da prestação de serviços públicos também integra o rol dos *direitos básicos do consumidor*. Assim, o art. 6º, X, afirma que é *direito básico do consumidor* a *adequada e eficaz prestação dos serviços públicos em geral*.[186]

---

mente pela esfera íntima (família), pela esfera associativa (especialmente associações voluntárias), movimentos sociais e formas de comunicação pública" (VIEIRA, 1998, p. 45).

[184] Dispõe o art. 4º, *caput*, do CDC: "A Política Nacional de Relações de Consumo tem por objetivos o atendimento das necessidades dos consumidores, o respeito a sua dignidade, saúde e segurança, a proteção de seus interesses econômicos, a melhoria da sua qualidade de vida, bem como a transferência e harmonia das relações de consumo, atendidos os seguintes princípios...".

[185] Nunca é demais lembrar o motivo pelo qual o CDC acolhe a prestação de serviços públicos como *objeto de relação de consumo*. Em que pese a prestação de serviços públicos estar sob a *titularidade* do Estado, e submetida a regras jurídicas de direito público, bem como ao princípio da *supremacia do interesse público*, o fato é que a relação jurídica que se estabelece entre prestadores (públicos ou privados) e usuários é uma relação econômica marcada pelo vínculo obrigacional (muitas vezes, contratual) regido, desta maneira, por normas jurídicas de direito privado. Para o CDC interessa o equilíbrio das *relações de consumo*. No caso do *consumo de serviços públicos*, não se leva em conta a relação jurídica entre o Estado (leia-se Administração Pública) e as empresas concessionárias ou permissionárias, mas o regime jurídico de direito privado (relação obrigacional de consumo) entre a Administração Pública *indireta* ou empresas privadas (fornecedores, segundo o art. 3º, *caput*, do CDC) e os usuários de serviços públicos (art. 2º c/c art. 3º, § 2º, ambos do CDC).

[186] Contrariando a antiga afirmação segundo a qual, no texto de uma norma jurídica, não existem palavras desnecessárias, é importante salientar que a

2.3.4. A responsabilidade civil (objetiva) do Estado

O CDC cuida também da responsabilidade dos prestadores (públicos ou privados) de serviços públicos. A responsabilidade civil do Estado é matéria da mais alta importância para o Direito e, de fato, tem sido objeto de estudo para grandes juristas brasileiros desde Amaro Cavalcanti.[187] Entretanto, é matéria que transcende os objetivos deste trabalho, motivo pelo qual será abordada brevemente, à luz do que dispõem a CF e o CDC.[188]

---

expressão *em geral* deve ser contestada. Ao que tudo indica, ela pode ser alvo de interpretações variadas, motivadas pela já discutida confusão doutrinária entre os conceitos de *serviços* (atividades econômicas) e *funções* (atividades não-econômicas do Estado). Entre nós, interpretação correta mostra que o legislador ordinário, responsável pela elaboração do CDC, teve a preocupação exagerada de cuidar para que nenhuma *atividade econômica prestada sobre um regime jurídico de privilégio* (art. 175 da CF c/c arts. 21, XI e XII; 25, § 2º, e 30, V), fosse desqualificada da tutela jurídica do Código. Ou seja, se o legislador optasse por não incluir a expressão '*em geral*' na redação do art. 6º, X, do CDC, não haveria modificação alguma na intenção da norma jurídica, qual seja, a de consagrar o *direito básico do consumidor*.

[187] Em 1904, Amaro Cavalcanti publicou sua obra *Responsabilidade Civil do Estado*, deixando um verdadeiro legado aos juristas que lhe sucederam. No prefácio da edição publicada em 1957, José de Aguiar Dias fez questão de enfatizar que "... Amaro Cavalcanti permanece, apesar da circunstância de tempo, tão corrosiva, em geral, para as obras de direito (...) como o mais jovem, mais atual e mais completo especialista da matéria. Paul Duez, com as vantagens que representa doutrinar e escrever em francês, surgindo trinta anos mais tarde (...) não apresentou, em relação à obra de Amaro Cavalcanti, uma só novidade" (Cf. CAVALCANTI, 1957, p. VIII).

[188] No ordenamento jurídico brasileiro, pode-se dizer que a responsabilidade objetiva do Estado surgiu na Constituição de 1946 (art. 194). Mário Masagão, que foi constituinte e o responsável pela redação do art. 194, afirmava na época que "...A Constituição, na cabeça do art. 194, adotou a teoria do risco integral. Para que a indenização seja devida pela Fazenda Pública, basta que tenha havido dano, e que exista nexo causal entre êle e ação ou omissão de funcionário público, nessa qualidade" (Cf. MASAGÃO, 1960, p. 323). Antes da CF de 1946, a responsabilidade civil do Estado passou por dois momentos. No primeiro, estava subordinada ao art. 15 do Código Civil, com base na teoria da *culpa do funcionário*. No segundo, a culpa do funcionário se transformou em *culpa (ou falta) do serviço*, através da teoria do *acidente administrativo*. Sobre o desenvolvimento da responsabilidade civil do Estado no ordenamento jurídico brasileiro, v., dentre outros, PEREIRA, 1998(a), p. 127-146; e CRETELLA JR., 1980, p. 183-200. Este autor cita o famoso "Caso Agnes Blanco" (França – Bourdeaux, 1873), responsável pela derrogação da concepção privatista oriunda do Código de Napoleão, passando o Estado a responder perante os cidadãos de acordo com as regras de Direito Administrativo. Era o início da teoria do *acidente administrativo*. (Cf. CRETELLA JR., 1980, p.

O CDC cuida da responsabilidade *objetiva* do Estado ou, como seria melhor afirmar, dos prestadores (públicos ou privados) de serviços públicos. O art. 22 e seu parágrafo único tratam da responsabilidade objetiva, que poderá assumir a forma *negocial* ou *civil em sentido estrito*.[189] Assim, haverá responsabilidade objetiva *negocial* nos casos de responsabilidade por *vício do serviço* (arts. 18 a 24). Entretanto, os prestadores poderão ser responsabilizados objetivamente pelo simples *fato do serviço*, incidindo, neste caso, a responsabilidade *civil em sentido estrito*.[190]

A responsabilidade civil do Estado no CDC respeitou – e não poderia ser de outra forma – a consagração constitucional da responsabilidade *objetiva*. O art. 37, § 6º, da Carta Magna trata do direito geral da responsabilida-

---

28-35). Com a responsabilidade *objetiva*, elimina-se a noção de culpa. Trata-se de considerar apenas o *fato do serviço*, i. é., o simples fato do serviço existir e ter causado dano a terceiro é fator necessário para a existência do dever estatal de indenizar. A expressão "serviço", aqui utilizada – é bom que se registre – não equivale ao conceito de serviço público adotado neste trabalho, mas antes, filia-se à doutrina tradicional. É, pois, mais abrangente, e considera o "serviço" como *atividade administrativa em geral*.

[189] Dispõe o art. 22, *caput*, do CDC: "Os órgãos públicos, por si ou suas empresas, concessionárias, permissionárias ou sob qualquer outra forma de empreendimento, são obrigados a fornecer serviços adequados, eficientes, seguros e, quanto aos essenciais, contínuos"; dispõe o parágrafo único: "Nos casos de descumprimento, total ou parcial, das obrigações referidas neste artigo, serão as pessoas jurídicas compelidas a cumpri-las e a reparar os danos causados, na forma prevista neste código". As expressões 'negocial' e 'civil em sentido estrito' são utilizadas por Fernando Noronha em detrimento da tradicional distinção entre responsabilidade contratual e extracontratual, respectivamente (Cf. NORONHA, 1998, p. 21). A responsabilidade objetiva no CDC não será necessariamente *negocial*, tendo em vista o conceito *amplo* de relação de consumo (relação *obrigacional* de consumo), que abrange a relação contratual e outras, que resultem "...da mera causação de danos, independente de existência de qualquer vínculo contratual entre o lesante e o lesado..." (Cf. NORONHA, 1999(b), p. 149).

[190] Segundo Fernando Noronha, "A responsabilidade por vício do produto ou do serviço, dizendo respeito a produtos ou serviços que são inadequados para as finalidades a que eles normalmente se destinariam e queridas pelo consumidor, ainda está ligada a um negócio jurídico. Já a responsabilidade por fato do produto ou do serviço, sendo respeitante a produtos ou serviços com defeitos que tornam estes inseguros, por isso causando danos a pessoas ou coisas, prescinde da existência de qualquer contrato ou negócio unilateral e em rigor é mesmo independente da circunstância de os lesados terem ou não a condição de consumidores" (Cf. NORONHA, 1999(b), p. 150).

de, que é a responsabilidade *civil em sentido estrito (extracontratual)*.[191] Na análise de cada caso concreto, entende-se que deve prevalecer a norma constitucional em detrimento da norma jurídica do CDC, sempre que incidir a responsabilidade *civil em sentido estrito*.

A razão da supremacia da norma constitucional se deve ao fato de que a mesma é *hierarquicamente superior* à norma jurídica do CDC, o que não impede a aplicação desta se, no mesmo caso concreto, ficar provado que a norma infraconstitucional é *mais favorável ao consumidor*. Entretanto, quando se tratar de responsabilidade *negocial*, não restam dúvidas sobre a aplicação do art. 22 do CDC.

Por fim, quanto ao direito geral da responsabilidade, Noronha entende que se deve distinguir a responsabilidade objetiva *comum* da responsabilidade objetiva *agravada*. A primeira diz respeito à regra geral da responsabilidade objetiva, na qual é necessária a prova do nexo causal entre o dano sofrido e a ação ou omissão do responsável. Já a responsabilidade *agravada* diz respeito apenas a determinadas atividades – sendo, por este motivo, *excepcionalíssima* – e prescinde do nexo causal dano/ação ou omissão. Ou seja, a responsabilidade é decorrente de *danos não causados* pelo agente responsável.[192]

Na esteira de Noronha, pode-se dizer que a responsabilidade *agravada* incide na prestação de serviços públicos. Como exemplo, cabe relembrar o caso de um usuário (consumidor) de transporte coletivo, que se fere pelos estilhaços dos vidros quebrados em decorrência de uma pedra arremessada por terceiro.[193]

---

[191] Dispõe o art. 37, § 6º, da CF: "As pessoas jurídicas de direito público e as de direito privado prestadoras de serviços públicos responderão pelos danos que seus agentes, nessa qualidade, causarem a terceiros, assegurado o direito de regresso contra o responsável nos casos de dolo ou culpa".
[192] NORONHA, 1998, p. 27-29. O autor cita o exemplo da uma empresa transportadora que se envolve em um acidente de trânsito causado por veículo de terceiro. Neste caso, segundo Noronha, a empresa tem o dever de indenizar o dono da carga que estava sendo transportada, mesmo que a empresa não tenha sido a responsável pelo acidente.
[193] Cf., *supra*, item nº 1.4.3 (nota nº 97).

De qualquer forma, evidencia-se a possibilidade dos consumidores de serviços públicos acionarem judicialmente os prestadores (leia-se Administração Pública *indireta* ou as empresas privadas) toda vez que a má (inadequada) prestação de um serviço público acarrete algum dano aos mesmos.

2.3.5. Sanções administrativas sobre a prestação de serviços públicos no CDC

Por fim, o quinto e último momento em que o CDC se reporta à matéria da prestação de serviços públicos, diz respeito ao art. 56, VIII.[194] Segundo a Lei nº 8.987/95, o contrato de concessão poderá ser extinto por iniciativa do poder concedente (Estado, representado pela Administração Pública), ou mesmo por iniciativa da própria concessionária.[195]

O CDC dispõe sobre a revogação da concessão ou permissão como forma de *sanção administrativa*. Isto significa que o Código prevê a possibilidade de o *poder concedente* extinguir a concessão ou permissão se a *concessionária ou permissionária* agiu de modo contrário à lei ou às cláusulas estabelecidas no contrato.[196] Entende-se assim, que a *revogação de concessão ou permissão* (art.

---

[194] Dispõe o art. 56, VII, do CDC: "As infrações das normas de defesa do consumidor ficam sujeitas, conforme o caso, às seguintes sanções administrativas, sem prejuízo das de natureza civil, penal e das definidas em normas específicas: VIII-revogação de concessão ou permissão de uso". Entre nós, a expressão "uso" não está corretamente empregada no texto da norma jurídica, visto que a concessão ou permissão não têm, como objetivo, o *uso* dos serviços públicos, mas sua *prestação*, pelas empresas privadas. Quem *usa* os serviços são os usuários, os consumidores.

[195] Trata-se do Capítulo X da Lei nº 8.987/95, referente às formas de *extinção da concessão* (arts. 35 a 39). O art. 35 cita tais formas: "Extingue-se a concessão por: I - advento do termo contratual; II - encampação; III - caducidade; IV - rescisão; V - anulação; e VI - falência ou extinção da empresa concessionária e falecimento ou incapacidade do titular, no caso de empresa individual". De todas as formas citadas, apenas a *rescisão* implica a extinção do contrato por iniciativa da *concessionária* (art. 39, *caput*).

[196] É sempre bom lembrar que se trata do contrato de *concessão*. No entanto, a *permissão*, mesmo não sendo um contrato, também estará sujeita às formas de extinção previstas na Lei nº 8.987/95, conforme o entendimento do art. 40, parágrafo único: "Aplica-se às permissões o disposto nesta Lei".

56, VII, do CDC) diz respeito apenas à *caducidade* das mesmas (art. 38, §§ 1º a 6º, da Lei nº 8.987/95).[197]

2.3.6. *Direitos e obrigações dos consumidores-usuários: a relação entre o Código de Defesa do Consumidor e a Lei nº 8.987/95*

A prestação de serviços públicos, submetida ao processo de *delegação*, relaciona, não poucas vezes, o CDC com a Lei nº 8.987/95. Neste sentido, destaca-se a existência de uma *relação de subsidiariedade* entre o Código e a Lei das Concessões e Permissões, com base na leitura do art. 7º, *caput*, da mesma.[198]

Os direitos dos usuários estão vinculados, assim, aos *direitos básicos dos consumidores* (art. 6º e incisos do CDC), dos quais destaca-se mais uma vez o direito a uma *adequada e eficaz prestação de serviços públicos em geral* (art. 6º, X). Antes do Código, porém, o parágrafo único do art. 175 da Constituição, dispondo sobre o conteúdo da futura Lei das Concessões e Permissões, exigia que na sobredita Lei constasse o rol de *direitos dos usuários* (inciso II).

Pois a Lei nº 8.987/95 cumpriu a exigência constitucional e, reparando uma considerável omissão do legislador constituinte, acrescentou ainda um rol de *obrigações* aos usuários.[199] Registre-se, ainda, a elabora-

---

[197] Dispõe o art. 38, *caput*, da Lei nº 8.987/95: "A inexecução total ou parcial do contrato acarretará, a critério do poder concedente, a declaração de caducidade da concessão ou a aplicação das sanções contratuais, respeitadas as disposições deste artigo, do art. 27, e as normas convencionadas entre as partes".

[198] Dispõe o art. 7º, *caput*, da Lei nº 8.987/95: "Sem prejuízo do disposto na Lei nº 8.078, de 11 de setembro de 1990, são direitos e obrigações dos usuários:"

[199] É importante louvar a atitude do legislador ordinário quanto à inserção do rol de obrigações dos usuários de serviços públicos. Tratando-se de uma relação contratual, tanto os prestadores (públicos ou privados) quanto os usuários possuem direitos e obrigações recíprocas, decorrentes da natureza jurídica de qualquer contrato, qual seja, a de ser ele um negócio jurídico bilateral e, por isso, *comutativo*. O constituinte descuidou-se deste detalhe quando da elaboração do parágrafo único do art. 175 da CF. Desta feita, são direitos dos usuários segundo o art. 7º da Lei nº 8.987/95: "I - receber serviço adequado; II - receber do poder concedente e da concessionária informações

ção da Lei nº 9.791, de 24 de março de 1999, a qual acrescenta ao rol de direitos do art 7º da Lei 8.987/95, o direito de o usuário poder escolher *o mínimo de seis datas opcionais para o vencimento de seus débitos com os prestadores.*[200]

Sobre a sistematização dos direitos e obrigações dos usuários, observa-se que a privatização dos serviços públicos de *energia elétrica* e *telecomunicações* implicou toda uma construção normativa específica para os mesmos, onde também estão regulamentados, dentre outras coisas, os *direitos e as obrigações específicas à prestação desses serviços.*[201]

Do exposto, observa-se uma gama considerável de legislações *gerais* (CDC, Lei nº 8.987/95, dentre outras) e *específicas* (as novas Leis sobre a organização dos serviços de telecomunicações, energia elétrica, etc.) as quais, atuando de forma conjunta, tendem a reforçar o regime jurídico de proteção aos direitos dos consumidores-usuários de serviços públicos.

---

para a defesa de interesses individuais ou coletivos; III - obter e utilizar o serviço, com liberdade de escolha, observadas as normas do poder concedente"; Ainda no art. 7º, são considerados obrigações dos usuários: "IV - levar ao conhecimento do poder público e da concessionária as irregularidades de que tenham conhecimento, referentes ao serviço prestado; V - comunicar às autoridades competentes os atos ilícitos praticados pela concessionária na prestação do serviço; VI - contribuir para a permanência das boas condições dos bens públicos através dos quais lhes são prestados os serviços".

[200] Dispõe art. 2º da Lei 9.791/99: "O Capítulo III da Lei nº 8.987, de 13 de fevereiro de 1995 (Lei das Concessões) passa a vigorar acrescido do seguinte artigo: art. 7º - As concessionárias de serviços públicos, de direito público ou privado, nos Estados e no Distrito Federal, são obrigadas a oferecer ao consumidor e ao usuário, dentro do mês de vencimento, o mínimo de seis datas opcionais para escolherem os dias de vencimento de seus débitos". A redação do art. 2º parece um tanto imprecisa, pois ao lê-la, se tem a impressão de que o conteúdo anterior do art. 7º da Lei nº 8.987/95 (rol de direitos e obrigações dos usuários) não existe mais. Melhor seria, se o legislador ordinário tivesse escrito: *acrescente-se ao art. 7º da Lei nº 8.987/95, o seguinte inciso.*

[201] Trata-se da Lei nº 9.472, de 16 de julho de 1997, e da Lei nº 9.427, de 26 de dezembro de 1996, as quais regulamentam a prestação e o controle dos serviços de *telecomunicações e energia elétrica*, respectivamente. Na primeira, os direitos dos usuários estão dispostos no art. 3º, e os deveres (obrigações), no art. 4º. Já a Lei nº 9.427/96 não dispõe sobre os direitos e obrigações dos usuários, concluindo-se daí, que os direitos dos consumidores de energia elétrica são aqueles expressos no *regime jurídico geral* (CDC e Lei das Concessões e Permissões).

2.3.7. A polêmica sobre a inserção das taxas como remuneração de serviços públicos no Código de Defesa do Consumidor

Em que pese a posição majoritária da doutrina e da jurisprudência sobre a incidência das taxas como espécie do conceito de *remuneração*, previsto no art. 3º, § 2º, do CDC,[202] o fato é que alguns autores consumeristas sustentam a impossibilidade da inserção das taxas na tutela jurídica do CDC, pela natureza jurídica das mesmas, qual seja, de *tributos*.

Dentre estes autores, destacam-se Cláudio Bonatto e Paulo Valério Dal Pai Moraes:

"... podemos afirmar que o preço público ou tarifa envolve relação com contornos de direito privado, ao passo que a taxa, como qualquer outro tributo, por ser compulsória, envolve relação típica de direito público (...) não se pode confundir o conceito de cidadão, que paga impostos, taxas e contribuições de melhoria, com o conceito de consumidor (...) o que não concordamos é que seja considerado consumidor de um serviço público remunerado por taxa, uma pessoa que sequer pode escolher este mesmo serviço ou sequer necessita dele, pois isto atenta contra a teleologia e à própria sistemática do Código de Defesa do Consumidor".[203]

A primeira observação a ser feita diz respeito à natureza jurídica das taxas. Assim, se por um lado elas são espécies do gênero *tributo*,[204] por outro distinguem-se em muito dos impostos.[205] A natureza *compulsória* da

---
[202] NORONHA, 1999(a), p. 647.
[203] BONATTO, 1998, p. 104-05.
[204] Dispõe o art. 3º do Código Tributário Nacional: "Tributo é toda prestação pecuniária compulsória, em moeda ou cujo valor nela se possa exprimir, que não constitua sanção de ato ilícito, instituída em lei e cobrada mediante atividade administrativa plenamente vinculada".
[205] Segundo Geraldo Ataliba: "... os fatos geradores dos impostos são sempre acontecimentos (fatos, atos ou negócios) que denotem, simplesmente, uma capacidade econômica: venda, consignação, exploração, produção, rendimento ou renda. Na taxa, o fato gerador tem que ser uma ocorrência relacionada com a utilização, provocação, ou disposição do serviço, ou atividade do

taxa decorre de uma *obrigação jurídica*, e não de uma *liberdade do contribuinte*.[206] Esta afirmação justifica a posição dos autores supracitados, que sustentam a impossibilidade de haver uma *relação de consumo* se não for permitido o exercício da *liberdade de escolha*, que é *direito básico do consumidor*.[207]

No que diz respeito aos *impostos*, mesmo que se considere a existência da incidência *indireta* dos mesmos no custo de produtos e serviços *remunerados* pelos consumidores, ainda assim a distinção entre consumidores (que *remuneram* diretamente o fornecedor) e contribuintes (que pagam *impostos* ao Estado) é incontestes.[208]

Sobre as *taxas*, no entanto, existe toda uma polêmica acerca de sua qualificação como *remuneração de consumo* (art. 3º, § 2º, do CDC). Para se tomar partido sobre esse tema, deve-se analisar a questão sob dois pontos de vista. O primeiro, diz respeito ao Direito Tributário, responsável pelo estudo da natureza jurídica dos tributos (dentre os quais se inserem as taxas).

Sendo espécie de tributo, as taxas são contraprestações *compulsórias*, i. é., são pagas pelos cidadãos mediante atuação *impositiva* do poder público. Entretanto, ao contrário dos impostos, as taxas incidem sobre atividades prestacionais do Estado aos cidadãos, e o *quantum*

Estado (...) Não há necessidade de a Constituição discriminar competências para a exigência de taxas (como há, pelo contrário, no que respeita a impostos), porque a hipótese de incidência da taxa é sempre uma atuação estatal (atividade de polícia, prestação de serviço público" (ATALIBA, 1998, p. 156).
[206] MACHADO, 1987, p. 24-5.
[207] Dispõe o art. 6º, II, do CDC: "São direitos básicos do consumidor: a educação e divulgação sobre o consumo adequado de produtos e serviços, asseguradas a *liberdade de escolha* e a igualdade nas contratações" (grifamos).
[208] Exemplo típico dessa situação é o ICMS (imposto sobre circulação de mercadorias e serviços). Quando o fornecedor (produtor, comerciante, importador, prestador de serviços, etc.) vende um produto ou serviço ao consumidor, o valor do imposto está inserido no preço pago (remunerado) por este mesmo consumidor. A situação deste frente ao valor do imposto (no caso, ICMS), pode ser definida como a de uma tributação *indireta*; jamais, como uma relação de consumo. Quanto ao ICMS, cabe citar o disposto no art. 50, § 5º da Constituição: "A lei determinará medidas para que os *consumidores* sejam esclarecidos acerca dos impostos que incidam sobre mercadorias e serviços" (grifamos).

das mesmas pode ser mensurável pelo poder público. Nesta situação, existe um ponto em comum com a *tarifa*, que é a *remuneração* sobre o consumo de serviços públicos por excelência. Tomando-se o critério da divisibilidade do valor da taxa, e desconsiderando sua natureza jurídica *compulsória*, é possível afirmar que a mesma incide como *remuneração de consumo*.

Já o segundo critério, baseado na interpretação do CDC, compreende o consumidor enquanto usuário que paga pela prestação de um serviço público no qual pôde exercer seu *direito básico de liberdade de escolha* (art. 6º, II, do CDC). A análise em questão ganha relevância quando se percebe que:

"... na aferição da existência da figura do consumidor, deverá estar presente a *consensualidade*, a qual não se apresenta na situação de pagamento impositivo de tributos (...) Resulta que é fundamental que ao consumidor seja reconhecido o seu direito supremo de livre escolha, pois, do contrário, de um modo geral, não será consumidor".[209]

Ou seja, havendo impossibilidade de se exercer o *direito supremo de livre escolha*, descaracteriza-se essa relação jurídica como relação de consumo. O pagamento de taxas, não obstante a existência da *divisibilidade* do valor das mesmas a usuários perfeitamente determináveis, configura-se como relação *tributária*, i. é, *compulsória*.

Além dos autores supracitados, cabe ainda destacar Roberto Senise Lisboa que, posicionando-se sobre o assunto, afirma o seguinte:

"Mesmo as taxas não se constituem na remuneração preconizada pelo Código de Defesa do Consumidor (...) A especificidade da destinação da taxa se refere ao destino que esse tributo terá. A especificidade do serviço nas relações de consumo denota a escolha do consumidor em obter determinada atividade remunerada e não outra. A remuneração

---
[209] BONATTO, 1998, p. 106-07.

paga pelo consumidor deve importar na contraprestação pelo serviço que ele está adquirindo e efetivamente vai se utilizar. A destinação dos recursos da taxa não é necessariamente revertida para toda a coletividade no sentido empregado pelo Direito do Consumidor, não se podendo afirmar que todas as pessoas de fato se valerão dos resultados da verba obtida pela arrecadação de taxas".[210]

Assim, tomando-se partido a respeito da polêmica sobre a possível inserção das taxas como remuneração de consumo, entende-se que as mesmas *não incidem no âmbito do CDC*, visto que são contraprestações *compulsórias*, impeditivas ao exercício da *liberdade de escolha* do consumidor.

2.3.8. O Estado como fornecedor

Com razão pronuncia-se Adalberto Pasqualoto, ao afirmar que a pessoa do Estado, representado pela Administração Pública, deve atuar com *profissionalidade*.[211] Segundo a lógica do CDC, o Estado enquanto fornecedor não atua como *autoridade*, mas como *um dentre os empresários privados no mercado de consumo*. Em outros termos, o Estado atua como se fosse um particular, prestando uma *espécie de atividade econômica* devidamente remunerada (art. 3º, § 2º, do CDC) pelo usuário consumidor.[212]

---

[210] LISBOA, 2001, p. 188.
[211] PASQUALOTO, 1992, p. 134.
[212] LOPES, 1996, p. 90. De fato, a prestação estatal de serviços públicos aos consumidores não pode ser equiparada à função estatal de, p. ex., cobrar tributos. Vale citar aqui as observações de Amaro Cavalcanti: "...não há no Estado duas pessoas distintas, como se tem dito, uma civil e outra política. O Estado é *uno*; exerce, apenas, como sucede com os indivíduos, funções de naturezas diversas. Quando exercita funções, cuja natureza é idêntica àquelas que exercitam os indivíduos privados, é de razão que se lhe apliquem as mesmas regras, que regulam tais funções entre os particulares, – *ubi eadem ratio ibi idem jus* –; quando, ao contrário, exercita funções de natureza essencialmente diferente, como são os atos de legislador, de govêrno e de juiz, é de ver que a tais atos já se não podem aplicar regras idênticas, até mesmo porque no seu estado atual, o direito privado não os compreende na sua esfera" (Cf. CAVALCANTI, 1957, p. 393-394). O Estado, apesar de ser uno,

Para o CDC, o sinônimo de Estado *fornecedor* é, sem dúvida, o Estado enquanto *empresário*, i. é, prestador de atividades econômicas. No que toca à prestação de *serviços públicos*, o papel *empresarial* do Estado vem sofrendo um considerável declínio, com o advento das *privatizações* (concebidas, conforme demonstrado,[213] como a transferência da *execução* da prestação do *gênero* "atividade econômica" – serviços públicos e atividades econômicas em sentido estrito – do âmbito da Administração Pública para as empresas privadas, com a ressalva de que, no caso dos serviços públicos estas continuam se sujeitando ao regime jurídico *administrativo* do art. 175 da CF).

O fato é que, com as *privatizações*, o Estado (leia-se Administração Pública indireta) deixa de prestar *diretamente* os serviços públicos através do processo de *descentralização administrativa*. A Administração Pública prestadora passa a regular e fiscalizar a prestação desses serviços, transferida esta para a iniciativa privada, mediante o processo de delegação (concessões e permissões).

Ou seja, com privatizações perde-se o conceito de Estado *prestador* em detrimento do Estado *gestor* (*regulamentador e fiscalizador*). Entretanto, não há a perda da *titularidade* do Estado sobre a prestação desses serviços públicos privatizados (delegados).

2.3.9. A efetividade das normas jurídicas do CDC em meio às privatizações

Assim, no que toca à efetividade do CDC em relação aos serviços públicos *privatizados*, afirma José Reinaldo de Lima Lopes:

não se relaciona juridicamente de uma única maneira com os particulares. Na esteira de Maria Helena Diniz, pode-se afirmar que, ao participar das relações de consumo, o Estado fornecedor está envolvido nas chamadas *relações jurídicas de coordenação* – nas quais as partes se tratam sem desigualdade hierárquica – que se opõem às *relações jurídicas de subordinação* – nas quais uma das partes exerce o poder de mando sobre a outra (Cf. DINIZ, 1997, p. 252). As relações jurídicas de coordenação e subordinação podem ser relacionadas à clássica distinção entre *atos de gestão* e *atos de império*, respectivamente (Cf. BANDEIRA DE MELLO, 1969, p. 418).
[213] Cf., *supra*, item 1.4.3.

"A privatização ou desestatização (...) atinge serviços públicos que, do ponto de vista do Direito do Consumidor, já se encontravam na disciplina da Lei nº 8.078/90 (CDC, art. 22), visto que prestados individualmente, mediante pagamento de tarifas. Sua transferência para a iniciativa privada não altera substancialmente este ponto".[214]

Em outras palavras: para o CDC não importa que as privatizações tenham descaracterizado o papel do Estado enquanto *prestador direto*[215] de serviços públicos. O que realmente interessa é a caracterização da atividade econômica "serviço público" no conceito *genérico* de *serviço* (art. 3º, § 2º, do CDC), situação essa que não foi alterada com as privatizações.

2.4. A privatização de serviços públicos e a possibilidade de concorrência entre os prestadores privados

No capítulo anterior, cuidou-se de precisar a importância do *regime jurídico administrativo* como fundamento para a conceituação da prestação de uma atividade econômica estatal como *serviço público*. Na ocasião, todo esforço foi empreendido no sentido de demonstrar que existem, de fato, dois regimes jurídicos na Constituição Federal, responsáveis pela distinção entre serviços públicos (art. 175) e atividade econômica em sentido estrito (art. 173).

No primeiro caso, tais atividades são prestadas sob o que se costuma chamar de *regime de privilégio:* o Estado detém a *titularidade* da prestação dos serviços públicos. No segundo, existe a transferência, por lei, da *execução*

---

[214] LOPES, 1998, p. 363. No mesmo sentido, v. BONATTO, 1998, p. 110.

[215] *Prestação direta* é, como foi visto no item 1.4.1., aquela exercida pela Administração Pública *direta* (órgãos da União, Estados ou Municípios) ou pela Administração Pública *indireta*. Os serviços públicos enquanto atividades econômicas eram prestados diretamente pelo Estado através da Administração Pública *indireta*.

de atividades que a Constituição entendeu por bem designar como sendo *típicas da iniciativa privada*. Aqui, além da ausência de titularidade estatal, existe a presença de um *regime de concorrência* entre as empresas estatais e as demais empresas privadas, baseado no princípio da *livre concorrência*, expresso no art. 170, IV, da CF.

Em outras palavras, estas constatações permitem que se faça, *a prori*, a seguinte afirmação:

"... os serviços públicos não são, nem podem ou devem ser explorados em regime de competição. Porque prestados em regime de serviço público, hão de ser exercidos sob privilégios, inclusive, em regra, o que corresponde a sua prestação. Note-se que é justamente a virtualidade desse privilégio de exclusividade na prestação do serviço que torna atrativo para as entidades do setor privado o seu exercício, como concessionárias ou permissionárias dele".[216]

Entretanto, com o advento das privatizações sobre a prestação dos *serviços públicos*, surge uma questão interessante. De fato, o Estado *delega*, p. ex., a prestação do serviço público de *telefonia*, não a uma, mas a várias empresas privadas.[217] Neste contexto, como negar a existência de uma *atmosfera competitiva* entre estas empresas, ainda que submetidas ao regime de *privilégio*[218]?

---
[216] FARENA, 1998, p. 693.
[217] No Brasil, é do conhecimento geral a existência de várias empresas operando no setor. No sul do país (mais precisamente, no Rio Grande do Sul e em Santa Catarina) existem a *Embratel* e a *Intelig* (que operam em âmbito nacional), bem como a *Brasil Telecom*, que atua regionalmente. Tratam-se de empresas privadas, submetidas ao regime jurídico administrativo (art. 175 da CF), pois estão vinculadas ao Estado por contratos de concessão.
[218] FARENA, 1998, p. 694. O exemplo das empresas de telefonia não foi utilizado por acaso. Ocorre que esta atmosfera competitiva se faz muito mais presente nos serviços públicos de telefonia do que nos serviços públicos de energia elétrica. Nestes, a competição já não se faz sentir de um modo tão intenso, porque se houver mais de uma empresa fornecedora, este fornecimento, por estas duas ou mais empresas, contará, por via de regra, com apenas uma fonte de geração de energia (usina e seus recursos). Neste caso, pode ser forçoso falar em competição. Entretanto, o setor de energia elétrica pode ser uma exceção, se comparado a outras atividades econômicas prestadas sob o regime jurídico de Direito Administrativo. Além dos serviços de telefonia, podem ser citados também os serviços de transporte coletivo ou de transporte interestadual ou internacional de passageiros.

Assim é que a questão em pauta merece ser tratada, antes de tudo, através da inter-relação entre dois princípios constitucionais da ordem econômica, quais sejam, os da *livre concorrência* e *defesa do consumidor* (art 170, IV e V, da CF). Ao contrário do que se possa imaginar, tais princípios não são conflitantes, mas *complementares*, i. é, atuam como fundamento para o equilíbrio das relações de consumo, nas quais está inserida a prestação de serviços públicos.[219]

No contexto da multiplicidade de empresas privadas (concessionárias ou permissionárias) como prestadoras de determinados serviços públicos, pode-se observar que a complementariedade dos princípios constitucionais supracitados não resulta em ameaça ao regime jurídico administrativo do art. 175 da CF.

Em outros termos, pode-se afirmar o seguinte: não importa quantas empresas privadas existam, sempre haverá o vínculo contratual entre essas e o Estado, pesando em favor deste a faculdade de dispor sobre o destino do contrato, i. é, sobre a prestação dos serviços públicos – respeitados os direitos das concessionárias – em função do *interesse público*.

É importante ressaltar que a exploração das *atividades econômicas em sentido estrito* (art. 173 da CF) se dá mediante uma realidade efetiva de livre concorrência, pois um novo competidor pode surgir a qualquer momento.[220] Entretanto, quando a análise recai sobre a prestação de serviços públicos, observa-se que não há a mesma intensidade na concorrência entre as empresas concessionárias, justamente por causa da submissão dessas ao *regime jurídico administrativo*, o qual está vincu-

---

[219] "Se, de um lado, o Princípio da Livre Concorrência, concebido como defesa da competição, autoriza o Estado a promover a defesa da concorrência entre os concessionários, por outro, o Princípio da Defesa do Consumidor torna a possibilidade de escolha um direito fundamental, que só excepcionalmente pode ser suprimido, e não sem que sejam reforçadas outras formas idôneas de proteção ao consumidor. Assim, complementam-se mutuamente os princípios constitucionais da Defesa do Consumidor e da Livre Concorrência" (*Idem*, p. 701).
[220] *Idem*, p. 696.

lado aos princípios da *supremacia e indisponibilidade do interesse público*.

Desta feita, uma vez refutada a descaracterização do *regime jurídico administrativo* pelo reconhecimento da complementariedade entre os princípios constitucionais da *livre concorrência* e *defesa do consumidor*, há que se reconhecer, na prestação dos serviços públicos *privatizados*, a incidência de uma atmosfera competitiva,[221] onde a atuação do Estado e dos consumidores se torna imprescindível no que respeita à regulação e fiscalização desses serviços.

Estado e consumidores devem, pois, zelar pela permanência da concorrência entre as empresas. Quanto aos consumidores, o princípio da *livre concorrência* é uma das formas de se garantir a *liberdade de escolha* do serviço, segundo os critérios que os mesmos julgarem convenientes (tarifas mais baixas, maior rapidez na prestação, etc.). A permanência de um ambiente competitivo entre as empresas privadas prestadoras de serviços públicos, também contribui para investimentos das mesmas na *qualidade* da prestação, com a intenção de atrair mais consumidores. E é o aspecto da *qualidade* que desperta maior atenção neste trabalho, pois está relacionado à efetivação dos direitos dos consumidores-usuários de serviços públicos.

Assim, da mesma forma que Estado e consumidores devem ser *parceiros* na defesa da concorrência entre as empresas privadas, também o devem ser no *controle da prestação* dos serviços públicos, voltado para a permanência ou melhora na *qualidade* dos mesmos. Ao Estado, no exercício de sua função legislativa, cabe ainda regulamentar os meios institucionais para que esta "parceria regulatória" seja efetivada. Quanto aos consumidores, devem-se conscientizar de que não são apenas titulares de direitos, mas *agentes participantes* na efetivação dos mesmos.

---

[221] *Idem. Ibidem.*

Capítulo III

A participação dos consumidores brasileiros no controle da prestação dos serviços públicos

3.1. A participação dos consumidores como forma de exercício da cidadania

3.1.1. *Evolução do conceito de cidadania e sua relação com a defesa dos consumidores*

O presente capítulo pretende analisar as formas pelas quais os *consumidores* de serviços públicos – uma vez delimitados o conceito jurídico de serviço público (cap. I) e o regime jurídico de seus usuários (consumidores) no Brasil (cap. II) – podem *participar* do processo de *controle* sobre a prestação destes mesmos serviços, a fim de verem efetivado o direito à *liberdade de escolha* (art. 6º, II, do CDC) – garantido através da defesa dos princípios da *livre concorrência* (art. 170, IV, da CF) e da *defesa do consumidor* (art. 170, V, da CF) – e, principalmente, o direito a uma *adequada e eficaz prestação de serviços públicos em geral* (art. 6º, X, do CDC).

Tal esforço implica, entretanto, que se faça uma breve incursão sobre um tema por demais abrangente para os objetivos deste trabalho, mas que merece, com as limitações necessárias, toda a atenção: o *exercício da cidadania*. Segundo Vera Andrade, o discurso jurídico sobre o conceito de cidadania no Brasil esteve sempre associado às noções de *nacionalidade* e *exercício dos direitos políticos* – através das obras de Direito Constitucional – bem como aos *elementos constitutivos do Estado (povo, população, território e soberania)*, quando do estudo das obras de Teoria Geral do Estado.[222]

Para a autora, entretanto, tal discurso concebe a cidadania como uma *categoria estática e cristalizada*, i. é, apenas como um atributo conferido pelo Estado, desprovido de qualquer dimensão política.[223] Ou seja, segundo a concepção tradicional, entende-se a cidadania como um *status permanente*, concedido ao indivíduo no exercício dos seus *direitos políticos* e de *nacionalidade*, e não como um *processo social dinâmico e instituinte*.[224]

A noção reducionista de cidadania como exercício dos direitos políticos é combatida também por André Franco Montoro, nestes termos:

"O regime representativo tradicional reduz a participação do cidadão à formalidade do voto. Mas as novas concepções de vida coletiva exigem novas soluções. Camadas cada vez mais amplas da população tomam consciência do caráter meramente formal e aparente de antigas formas democráticas, em que a participação do povo é mais simbólica do que real".[225]

Por certo, se o *ser cidadão* está relacionado apenas ao direito de *pertencer a algum lugar* (direito à nacionalidade) e à possibilidade de *eleger e/ou de ser eleito para a representação política estatal* (exercício dos direitos políticos), tem-se a sensação de que o Estado cuidará da efetivação de todos os demais direitos a que este mesmo cidadão é titular, sem que seja necessária a sua luta pessoal ou coletiva (sob forma de sociedade civil).[226]

---

[222] No primeiro capítulo de sua dissertação de mestrado, a autora se debruça sobre a *fala juridicista da cidadania*, i. é, faz uma síntese de diversas obras sobre Direito Constitucional e Teoria Geral do Estado, onde o discurso jurídico tradicional se inscreve (Cf. ANDRADE, 1993, p. 18-26).

[223] *Idem*, p. 28-29.

[224] *Idem, ibidem.*

[225] MONTORO, 1995, p. 17.

[226] No Brasil do século XX, marcado por dois períodos de regime *autoritário* bastante significativos – a chamada "Era Vargas" e a ditadura militar (1964-1985) – apresenta a face do Estado como o "grande pai" (o próprio Getúlio Vargas era considerado o "pai dos pobres"), responsável pela tutela dos

Assim, ao contrário do que dispõe o discurso jurídico tradicional, o conceito de cidadania é *dinâmico*, e seu exercício deve-se dar de forma *permanente*, através da interação dos indivíduos e grupos sociais, movida pelos mais variados interesses individuais ou coletivos, públicos ou privados, os quais correspondem, ou aspiram a corresponder, a direitos consagrados normativamente.

Seguindo esta linha de raciocínio, afirma Maria Benevides:

"A cidadania exige instituições, mediações e comportamentos próprios, constituindo-se na criação de espaços sociais de lutas, (movimentos sociais, sindicais e populares) e na definição de instituições permanentes para a expressão política, como partidos, legislação e órgãos do poder público".[227]

A afirmação da autora sugere que o exercício da cidadania – entendida esta para além do exercício dos direitos políticos – pode ocorrer de duas formas: *1ª) pela criação de espaços sociais de lutas:* a sociedade organiza-se espontaneamente na busca da efetivação de seus direitos. *2ª) pela definição de instituições permanentes para a expressão política:* a sociedade, com o auxílio do Estado, define meios de garantir a efetivação dos direitos, como, p. ex., a criação normativa acompanhada de um incentivo estatal à participação popular.

A tutela jurídica dos consumidores brasileiros – através de consagração constitucional, sucedida da elaboração do CDC – pode ser considerada como um bom

---

direitos individuais e coletivos consagrados constitucionalmente. Neste sentido, cabe a observação de Maria Benevides: "... nunca tivemos reformas sociais visando à cidadania efetivamente democrática. Nossa festejada modernização conservadora empreendeu reformas institucionais (ampliação de direitos políticos e liberdades de associação partidária), reformas econômicas (no setor financeiro) e reformas sociais (leis trabalhistas impostas pela ditadura Vargas). Mas não se mudou, no sentido democrático, o acesso à justiça e à segurança, a distribuição de rendas, a estrutura agrária, a previdência social, educação, saúde, habitação, etc. A cidadania permaneceu parcial, desequilibrada, excludente. Direitos ainda entendidos como privilégios – só para alguns, e sob determinadas condições" (Cf. BENEVIDES, 1994, p. 7-8).
[227] *Idem*, p. 09. Sobre os movimentos sociais no Brasil, v. COSTA,1994, p. 38-52.

exemplo desta segunda forma de expressão da cidadania.[228] O Código, em vários momentos, deixou claro que a atuação estatal para a garantia dos direitos dos consumidores não excluirá a *participação da sociedade civil*.[229]

O *ser consumidor* é um dado histórico, ao qual o Direito atribuiu valor jurídico, transformando este consumidor-histórico num *sujeito de direitos*.[230] Decorre da existência, inconteste e absoluta, de um sistema econômico do tipo capitalista.[231] O indivíduo, inserido neste sistema econômico, não pode senão adaptar-se às regras que o próprio sistema lhe impõe. Neste sentido, é interessante a reflexão de Miguel Reale:

"... a sobrevivência do capitalismo, com todas as alterações que nele ocorrerem e continuam a ocorrer, deve-se ao fato de não ser ele um 'sistema de opções ou aspirações ideológicas abstratas', mas sim a expressão de uma exigência conatural ao ser humano, que é o desejo de 'ser alguém' e de 'ter

---

[228] Sobre a consideração de que a proteção dos direitos dos consumidores seja considerada uma expressão do exercício da cidadania, existem algumas opiniões divergentes, como a do saudoso prof. Milton Santos. Para o autor, o consumidor, e até mesmo o eleitor, não poderiam ser considerados cidadãos, pois "O consumidor (e mesmo o eleitor não-cidadão) alimenta-se de parcialidades, contenta-se com respostas setoriais, alcança satisfações limitadas, não tem direito ao debate sobre os objetivos de suas ações, públicas ou privadas" (Cf. SANTOS, 1998, p. 42).

[229] Como exemplos, podem ser citados o incentivo estatal à formação de *associações representativas dos consumidores* (art. 4º, II, *b*), e o direito de *acesso aos órgãos judiciários e administrativos com vistas à prevenção e reparação de danos patrimoniais e morais* (art. 6º, VII).

[230] Como sujeito de direitos, o consumidor pode ser entendido como a pessoa (física ou jurídica) que possua tanto a *capacidade de direito (direito objetivo)* – que diz respeito aos direitos e obrigações do sujeito em potência – quanto a capacidade de fato *(direito subjetivo)* – que diz respeito aos direitos e obrigações do sujeito em ato. A distinção entre capacidade de direito e capacidade de fato, da forma como foi exposta, pode ser encontrada na obra de Oswaldo Aranha Bandeira de Mello (Cf. BANDEIRA DE MELLO, 1969, p. 15).

[231] As relações de consumo, já se afirmou, ocorrem segundo a lógica de uma economia de mercado. Esta, por sua vez, está intimamente relacionada à estrutura do sistema capitalista. Segundo Vital Moreira: "A questão deve-se ao facto de o capitalismo ser, pela sua natureza, fundamentalmente uma economia de produção mercantil – foi o capitalismo que generalizou a forma mercantil, transformando todos os elementos económicos, *inclusive o trabalho*, em mercadoria" (Cf. MOREIRA, 1978, p. 32).

algo' como próprio, no seio de uma 'sociedade civil', isto é, de uma sociedade que resulte do mútuo entendimento dos que compõem uma comunidade".[232]

Na hegemonia do sistema econômico capitalista, o *ser consumidor* é uma das formas de expressão do *ser cidadão*.[233] Num primeiro momento, pela qualificação de *sujeito de direito* através de estipulação constitucional (arts. 5º, XXXII, e 170, V, da CF) e infraconstitucional (elaboração do CDC). Num estágio superior, pela *atuação efetiva (participação)* na defesa de seus direitos.[234] Essa *atuação efetiva* dos consumidores passa, necessariamente, pela presença do Estado em seu papel de *instrumento* para a construção de espaços públicos ou canais de participação institucionalizada.[235]

---

[232] REALE, 1996, p. 19.

[233] O consumo, nesta linha de raciocínio, não pode ser entendido apenas como a atividade de *consumir por consumir*. Ou seja, não se trata apenas do consumo de *supérfluo*, mas do consumo de (e para satisfazer) *necessidades materiais*, indispensáveis à qualidade de vida dos indivíduos que encontram-se submetidos às regras do sistema econômico capitalista.

[234] A cultura de consumo não necessita, necessariamente, estar ligada a um processo de alienação (*consumir por consumir*), mas, antes deste viés, deve estar voltada para uma preocupação com a organização dos consumidores na defesa de seus direitos. Esta é, também, a opinião da socióloga Gisela Black Taschner, a qual, ampliando ainda mais a discussão, afirma que: "... uma tendência que se registra nos anos noventa, ao menos no 'primeiro mundo', é de o consumidor utilizar sua força política, através do boicote econômico, em defesa de causas que dizem respeito menos aos direitos do consumidor, no seu sentido estrito, do que a questões ligadas à cidadania, em sua acepção mais ampla. Exemplos disso são o boicote econômico contra o racismo na África do Sul, e o boicote a produtos de consumo vendidos por empresas que empregam o trabalho infantil em sua fabricação. Em outras palavras, em vez de ser inibida por uma cultura do consumo, a cidadania parece ter chances de ser melhorada ou ao menos ampliada por ela" (Cf. TASCHNER, 1997, p. 197-198).

[235] Segundo Idemir Luiz Bagatini "No campo econômico, no sistema capitalista, todos são considerados como iguais e portanto podem competir em termos de igualdade, independentemente da condição. Afirma-se, com certa tranqüilidade, que todos têm as mesmas oportunidades. O que o sistema capitalista esconde é que, apesar da igualdade propalada, nem todos têm igualdade de poder, o que os diferencia e os torna desiguais. O processo político de construção da cidadania tem como fundamento a oportunidade de todos de acesso igualitário ao espaço público enquanto integrantes de uma comunidade política. A luta para a construção da cidadania necessita de uma definição ou redefinição do Estado" (Cf. BAGATINI, 2001, p. 50).

3.1.2. Os consumidores e o Estado Democrático de Direito

A atual Constituição da República, em seu art. 1º, define o Brasil como um *Estado Democrático de Direito*, onde a *cidadania* aparece como um dos fundamentos para a efetivação do mesmo (art. 1º, II).

O exercício da cidadania – entendido como *participação social*, para além do mero exercício dos direitos políticos – é *uma das condições* para que o chamado *Estado de Direito* assuma um caráter *democrático*. De uma forma muito simples, pode-se dizer que o Estado de Direito é aquele onde os atos dos governantes e dos governados encontram-se submetidos aos limites da lei.[236] Qual será, entretanto, o *conceito de democracia* que se insere neste mesmo Estado de Direito para que seja possível o *exercício da cidadania*?[237]

---

[236] Para Jorge Reis Novais, o Estado de Direito é o Estado racionalizado, fundado e limitado pelo Direito. Situando historicamente o Estado de Direito, afirma o autor: "O Estado limitado juridicamente aparece, como vimos, indissociavelmente ligado à luta da burguesia contra o Estado de Polícia e à sua racionalização integral da vida da sociedade e do Estado. Antes mesmo da sua teorização como tal, o Estado de Direito surge moldado praticamente pelo liberalismo 'vivido' na Inglaterra a partir do século XVIII e, sobretudo, pelas instituições saídas das Revoluções liberais vitoriosas em França e na América" (Cf. NOVAIS, 1987, p. 37). Do exposto, percebe-se que o *princípio da legalidade* é o elemento-chave para a compreensão do conceito de Estado de Direito. Ele permeia as relações entre o Estado e os particulares, bem como as relações que se dão somente entre os últimos. O art. 5º, II, da Constituição Federal sintetiza o princípio, dispondo que "ninguém será obrigado a fazer ou deixar de fazer coisa alguma senão em virtude de lei".

[237] Os conceitos de cidadania e democracia estiveram sempre muito relacionados. Para o filósofo grego Aristóteles, o exercício da cidadania política fundamentava a chamada democracia *direta*: a participação nos assuntos de interesse da *polis*, "Portanto, o que constitui propriamente o cidadão, sua qualidade verdadeiramente característica, é o direito de voto nas Assembléias e de participação no exercício do poder público em sua pátria" (Cf. ARISTÓTELES, 1991, p. 36). Séculos mais tarde, com o surgimento dos Estados Nacionais, a democracia *direta* não seria mais possível, sendo necessário ocorrer o fenômeno da *representação política*. Sobre o mesmo, é interessante citar a reflexão de Kelsen: "A democracia do Estado moderno é a democracia indireta, parlamentar, em que a vontade geral diretiva só é formada por uma maioria de eleitos pela maioria dos titulares dos direitos políticos. Os direitos políticos – isto é, a liberdade – reduzem-se a um simples direito de voto" (Cf. KELSEN, 1993, p. 43). Em ambos os autores, percebe-se que a noção de democracia (e, portanto, de cidadania) está relacionada apenas ao *exercício dos direitos políticos*. Configura-se a cidadania *estática, periódica*, em contradição com a cidadania *dinâmica, permanente*, a qual serve de fundamento cons-

Segundo José Luís Bolzan de Morais, o gênero *Estado de Direito* passou por duas formas de expressão, decorrentes da dimensão axiológica expressa no conteúdo dos *direitos fundamentais* que as representaram.[238] Estas formas foram, sucessivamente, a *Liberal*[239] e a *Social*.[240]

A época atual, segundo Bolzan de Morais, caracteriza-se por um aumento na quantidade e nos graus de complexidade e conflituosidade das demandas sociais, as quais apresentam, não poucas vezes, uma natureza difusa *(transindividual)*.[241] O Estado e o Direito não são capazes de resolvê-las sem o auxílio de uma *sociedade civil participativa*.

Neste sentido, o conceito de Estado *Democrático* de Direito adotado neste trabalho sugere que este Estado deve ser *promotor* da participação social na defesa dos tradicionais direitos individuais e, principalmente, daqueles que expressam uma potencialidade *coletiva* ou

---

titucional para o conceito de Estado *Democrático* de Direito que se pretende buscar.

[238] "Assim, o Estado de Direito não se apresenta apenas sob uma forma jurídica calcada na hierarquia das leis, ou seja, ele não está limitado apenas a uma concepção de ordem jurídica mas, também, a um conjunto de direitos fundamentais próprios de uma determinada tradição" (Cf. BOLZAN DE MORAIS, 1996, p. 68).

[239] "A nota central deste Estado Liberal de Direito apresenta-se como uma limitação jurídico-legal negativa, ou seja, como garantia dos indivíduos-cidadãos frente à eventual atuação do Estado, impeditiva ou constrangedora de sua ação cotidiana" *(Idem*, p. 72).

[240] "A adjetivação pelo *social* pretende a correção do individualismo liberal por intermédio de garantias coletivas. Corrige-se o liberalismo clássico pela reunião do capitalismo com a busca do bem estar-social, fórmula geradora do *welfare state* neocapitalista no pós-IIª Guerra Mundial" *(Idem*, p. 74).

[241] *Idem*, p.149-155. Bolzan de Morais sustenta a afirmação de que os interesses transindividuais (especialmente os interesses de natureza *difusa*) rompem com a tradicional noção de *direito subjetivo individual*. *(Idem*, p. 125*)*. Sobre este rompimento, principalmente na *Teoria Geral do Processo*, cabe citar as observações de Mauro Cappelletti: " La nostra epoca, lo abbiamo giá visto, porta prepotentemente alla ribalta nuovi interessi 'difusi', nuovi diritti e doveri che, senza essere pubblici nel senso tradizionale della parola, sono però 'collettivi': di essi nessuno è 'titolare', allo stesso tempo che tuttui, o tutti i membri di un dato gruppo, classe, o categoria, ne sono titolari. A chi appartiene l'aria che respiro ? L'antico ideale dell'iniziativa processuale monopolisticamente accentrada nelle mani del solo soggetto a cui il diritto soggettivo 'appartiene', si rivela impotente di fronte a diritti che appartengono, allo stesso tempo, a tutti e a nessuno" (Cf. CAPPELLETTI, 1975, p. 372).

difusa, como os direitos dos consumidores.[242] O conceito de cidadania, como fundamento desse Estado *Democrático de Direito*, pode ser então resumido na afirmação de Fábio Konder Comparato:

"A idéia-mestra da nova cidadania consiste em fazer com que o povo se torne parte principal do processo de seu desenvolvimento e promoção social: é a idéia da participação".[243]

Conforme observou Boaventura de Sousa Santos, a participação social não significa um movimento da *retração estatal*, mas, antes, uma expansão do Estado *por meio da sociedade civil*.[244] Em outros termos, o Estado Democrático de Direito pressupõe uma *parceria* com a *sociedade civil* na resolução das demandas sociais emergentes, como é o caso da *tutela dos consumidores*.[245]

3.1.3. Os consumidores de serviços públicos e sua relação com a administração pública

Assim é que os consumidores, enquanto usuários das atividades econômicas prestadas segundo o regime

---

[242] "O *Estado Democrático de Direito* tem um conteúdo transformador da realidade, não se restringindo, como o Estado Social de Direito, a uma adaptação *melhorada* das condições sociais de existência. Assim , o seu conteúdo (...) passa a agir simbolicamente como fomentador da participação pública (...) São princípios do Estado Democrático de Direito: (...) B. *Organização Democrática da Sociedade* onde estão presentes os mecanismos tradicionais à democracia política, somados às possibilidades novas de participação social através de atores sociais emergentes, tais como: sindicatos, associações, etc." (Cf. BOLZAN DE MORAIS, 1996, p. 74-75).

[243] COMPARATO, 1992, p. 26. No mesmo sentido, pronuncia-se André Franco Montoro: "A substituição do 'paternalismo' pela 'participação', é um imperativo da moderna política social. Na medida em que se queira respeitar a dignidade da pessoa humana, é preciso assegurar-lhe o direito de participar ativamente na solução dos problemas que lhe dizem respeito" (Cf. MONTORO, 1995, p. 16).

[244] SOUSA SANTOS, 1990, p. 24-25.

[245] Referindo-se especificamente ao *controle social de serviços públicos*, afirma Fernando Aguillar: "Na sociedade democrática, nem o controle estatal pleno, nem o controle social absoluto são desejáveis. É preciso que haja uma permeabilidade entre a sociedade e o Estado (...) É importante ressaltar que o controle social exercido através da participação popular deve ter espaço institucional para que cumpra seus objetivos. Trata-se de uma participação popular albergada pelo aparelho jurídico estatal e não meramente a manifestação espontânea dos interesses da população" (Cf. AGUILLAR, 1999, p. 293).

jurídico do art. 175 da CF (serviços públicos), devem ser considerados sob o ponto de vista de sua *interação* com o Estado – representado pela Administração Pública – na busca da efetivação de seu *direito a uma adequada e eficaz prestação de serviços públicos em geral* (art. 6º, X, do CDC). O reconhecimento, pela ordem jurídica, dos *direitos dos consumidores* em relação aos *deveres do Estado-fornecedor*, pode ser considerado um fator extremamente relevante na reformulação das relações entre a Administração Pública e os *administrados*.

E o Direito Administrativo, por certo, não ficou alheio a essa realidade, conforme se percebe na observação de Almiro do Couto e Silva:

"A relação de Direito Administrativo tornou-se, pois, muito freqüentemente, uma relação pluripessoal, mudança que está obviamente ligada (...) a novas formas de democracia participativa na tomada de decisões pelo Estado, quando no exercício da função administrativa".[246]

Seguindo a mesma linha de raciocínio, expõe Caio Tácito:

"A moderna tendência do direito público marca (...) a transição do Direito Administrativo que, absorvendo a ação participativa dos administrados, valoriza o princípio da cidadania e coloca o indivíduo e a empresa em presença da Administração Pública, como colaboradores privilegiados para a consecução do interesse público".[247]

E Dinorá Adelaide Musetti Grotti, tratando dos princípios jurídicos dos serviços públicos, afirma que, dentre estes, está o chamado *princípio da participação:*

"Hoje se desenvolve o que se pode chamar de 'princípio da participação' e que tem sua origem nos diferentes textos associando os usuários dos serviços públicos à definição das regras de sua organi-

---
[246] COUTO E SILVA, 1997, p. 70.
[247] TÁCITO, 1997, p. 6.

zação e de seu funcionamento, a fim de que as necessidades reais dos usuários sejam melhor levadas em consideração".[248]

Se o processo de privatização das atividades econômicas fez ressurgir, no campo da prestação de serviços públicos, a prática dos contratos de concessão (e permissão) com empresas privadas,[249] então já não cabe ao Estado prestar tais serviços, mas apenas desempenhar uma maior postura *fiscalizatória ou controladora*, a qual deverá ocorrer *com a cooperação dos usuários*, que são os consumidores (art. 3º c/c art. 30 da Lei nº 8.987/95).[250] Ou seja: a tendência atual na prestação de serviços públicos pressupõe *uma espécie de agente prestador* (as empresas privadas), e *duas espécies de agentes controladores ou fiscalizadores* do primeiro (a Administração Pública e os consumidores).

A necessidade da participação dos consumidores no controle da prestação dos serviços públicos, principalmente quando prestados pela iniciativa privada, implica o abandono, pela Administração Pública, da antiga prática de enxergar o *administrado* – no caso, o consumidor – como sujeito *passivo* à espera da atuação daquela.[251] Ao invés disso, busca-se a conscientização deste consumidor, acerca do seu papel de cidadão, exercido na prática *fiscalizatória* das relações de consumo nas quais é parte interessada.[252]

---

[248] GROTTI, 2000, p. 58.
[249] SOUZA, 1995(b), p. 51.
[250] Dispõe o art. 3º da Lei nº 8.987/95: "As concessões e permissões sujeitar-se-ão à fiscalização pelo poder concedente responsável pela delegação, com a cooperação dos usuários". Dispõe o art. 30, parágrafo único: "A fiscalização do serviço será feita por intermédio de órgão técnico do poder concedente ou por entidade com ele conveniada, e, periodicamente, conforme previsto em norma regulamentar, por comissão composta de representantes do poder concedente, da concessionária e dos usuários". Importa relembrar que a Lei das Concessões e Permissões constitui-se, ao lado do CDC, como regime jurídico *geral* de proteção dos direitos dos usuários, ao qual vem se somar o regime jurídico *específico*, formado por recentes legislações regulamentadoras de serviços públicos como telecomunicações e energia elétrica.
[251] CLÈVE, 1990, p. 94.
[252] Cabe aqui citar as observações de Luíza Helena Malta Moll: "Atualmente, a Sociedade Civil se conscientiza de que a mudança não se restringe a uma

O exercício da cidadania na defesa dos direitos dos consumidores pode ocorrer de várias formas, desde as reclamações frente aos órgãos especializados (como os PROCONS estaduais),[253] até a utilização do *processo administrativo*[254] ou da via judicial em ações individuais ou mesmo coletivas.[255] Nestes casos, pode-se dizer que os consumidores estão exercendo, de certa forma, um *controle* sobre a qualidade da prestação dos serviços públicos, pois serão tomadas medidas capazes de proporcionar a efetivação do direito expresso no art. 6º, X, do CDC. Entretanto, estas formas de atuação estão fora da análise deste trabalho.

O *controle da prestação de serviços públicos,* para os objetivos aqui considerados, diz respeito às possibilidades que estes mesmos consumidores têm de atuarem

definição formal de direitos e liberdades, mas passa necessariamente pela dinâmica da inter-relação existente entre ela e o Estado, mediatizada pela Administração Pública" (Cf. MOLL, 1986, p. 143).

[253] Os PROCONS estão ligados ao SNDC (Sistema Nacional de Defesa do Consumidor) regulamentado atualmente pelo Código de Defesa do Consumidor (arts. 105 e 106) e pelo Decreto nº 2.181/97. A bem da verdade, eles já existiam em regulamentações estaduais, como a Lei nº 1.903, de 29 de dezembro de 1978, que instituiu, em São Paulo, o Sistema Estadual de Proteção ao Consumidor. Atualmente, é fato que cada Estado-Membro possui seu PROCON dotado de uma maior ou menor estrutura, conforme a realidade do Estado-Membro ao qual este PROCON esteja vinculado. Exemplos disso são os PROCONS do Paraná e de Santa Catarina, cuja estrutura se dá, respectivamente, sob a forma de uma *secretaria de Estado* e de uma *gerência, subordinada a uma secretaria.* Em que pesem estas considerações, é inegável a importância desses órgãos no esclarecimento de dúvidas e no auxílio à resolução das mais simples às mais complexas espécies de relações de consumo (como o caso dos consumidores dos serviços públicos de *telefonia*).

[254] Recentemente, foi editada a Lei nº 9.784, de 29 de janeiro de 1999, que passa a regulamentar o processo administrativo no âmbito da Administração Pública Federal. Assim, nas relações de consumo que tenham como objeto a prestação de serviços públicos prestados sob a competência daquela, os usuários-consumidores têm, juntamente com o CDC, um reforço a mais na *proteção dos seus direitos,* além de auxiliar a própria Administração Pública a *melhor cumprir seus fins* (art. 1º da Lei nº 9.784/99).

[255] Além do direito de acesso aos órgãos administrativos, os consumidores também têm o direito de acesso aos órgãos judiciários (art. 6º, VII, do CDC). Nem poderia ser de outra forma, pois a todo cidadão deve ser garantido o *acesso à justiça* (art. 5º, XXXV, da CF). Assim é que o CDC, em seu *Título III,* cuida da *defesa do consumidor em juízo.* A análise deste tema transcende os objetivos propostos pelo trabalho. Para uma análise detalhada do assunto, v. MANCUSO, 1994, 128p; e GRINOVER, 1993, p. 293-307.

como *agentes fiscalizadores* de uma adequada e eficaz prestação desses serviços. A fiscalização, por sua vez, é entendida como *o poder de interferir nas decisões provenientes de órgãos reguladores* – as chamadas Agências Reguladoras – podendo, este poder, estar relacionado à *composição* desses órgãos, ou a *consultas* feitas pelos mesmos aos consumidores-usuários.

3.2. A participação dos consumidores nas agências reguladoras

3.2.1. Localizando as agências reguladoras no atual contexto jurídico-político estatal

Antes de se precisar o que venham a ser as *agências reguladoras*, faz-se necessário situá-las no contexto jurídico-político pelo qual passa o Estado brasileiro. Sem a intenção de tratar com profundidade o tema, pela complexidade que o mesmo apresenta, pode-se afirmar, sem hesitações, que o Estado brasileiro está passando por um complexo processo de *reforma*.[256]

Este complexo processo de reforma do aparelho estatal deriva, como não poderia deixar de ser, da constatação de que o Estado *está em crise*. Segundo Bresser Pereira, a *crise do Estado brasileiro*, que atingiu seu ápice na década de 80, possui três formas de compreensão: *crise fiscal, crise do papel interventor do Estado no econômico e no social*, e, por fim, a *crise na forma de administrar o Estado*.[257] Associado a essas constatações, o autor acrescenta ainda a influência do processo de *globa-*

---

[256] O contexto jurídico-político de *reforma do aparelho estatal* não se restringe apenas ao Brasil. Muito pelo contrário, nosso país vem adotando modelos de reforma já experienciados em outros países, como Inglaterra, Nova Zelândia, Austrália, Estados Unidos, Suécia, França e Itália. Tais experiências são descritas por Luiz Carlos Bresser Pereira (Cf. PEREIRA, 1998(c), p. 52-68).
[257] *Idem*, p. 34. Para o presente estudo são consideradas apenas as duas últimas formas de crise estatal.

lização na autonomia das políticas econômicas e sociais dos estados nacionais.[258]

Quanto à crise do *papel interventor do Estado no econômico e no social*, o processo de reforma aponta para um Estado *mais regulamentador e controlador*, em detrimento do Estado *prestador*.[259] As privatizações das atividades econômicas do Estado (dentre elas, os serviços públicos) confirmam esta tendência.[260]

Quanto à crise na *forma de administrar o Estado*, busca-se romper com a chamada *Administração Pública burocrática*, caracterizada pela rígida hierarquia funcional e pela centralização do controle e da *prestação* das

---

[258] *Idem*, p. 35. É importante que se registre a existência de opiniões divergentes à influência do processo globalizante na capacidade de os Estados nacionais realizarem suas políticas públicas e sociais. Neste sentido, o economista Paulo Nogueira Batista Jr. critica o idéia de que a globalização seja a responsável pelas políticas econômicas e sociais, adotadas pelos governos brasileiros nas últimas duas décadas. Afirma, pois, o autor: "'Globalização' vira uma espécie de desculpa para tudo, uma explicação fácil para o que acontece de negativo no país. Governos fracos e omissos servem-se dessa retórica para isentar-se de responsabilidade (...) Problemas provocados por decisões ou omissões do governo nacional têm sido sumariamente descarregados em cima da 'globalização' (...) Em suma: problemas como desemprego e o subemprego, a desnacionalização da economia e a dependência de capitais externos, longe de constituírem a conseqüência irrecorrível de um processo global, resultam essencialmente de políticas adotadas no âmbito nacional, convenientemente dissimuladas pelo apelo à retórica da 'globalização'" (Cf. BATISTA JR., 1998, p. 127-29).

[259] Segundo Raimunda Alves de Sousa e Terezinha Moreira, "... o governo brasileiro está consciente de que a consolidação dessa ampla reforma do Estado – iniciada em 1990 – é cada vez mais premente e fundamental para torná-lo mais atuante em suas funções típicas de regulador e fiscalizador, delegando a execução dos serviços públicos à iniciativa privada" (Cf. SOUSA, 1995(b) p. 42). Para José Roberto Pimenta Oliveira, "... a globalização exige dos Estados Nacionais a abertura de novos campos de lucratividade para a iniciativa privada (para o fomento da livre concorrência, da livre iniciativa), como também exige a redução da atuação direta dos Estados na economia. É o dogma neoliberal da implantação do Estado Mínimo, não do Estado Prestador, mas do Estado Regulador, da privatização dos serviços públicos, da ampla aplicação do princípio da subsidiariedade, em todos os campos de atuação estatal" (Cf. OLIVEIRA, 2000, p. 331).

[260] Na esteira de Fernando Aguillar, pode-se dizer que, quanto à prestação de serviços públicos, está ocorrendo uma *desconcentração regulatória operacional* (Estado desempenha com menor intensidade atividades econômicas), e uma *concentração regulatória normativa* (Estado impõe normas jurídicas aos particulares no desempenho de atividades econômicas). (Cf. AGUILLAR, 1999, p. 211-213).

atividades administrativas,[261] em prol de um modelo *gerencial* baseado na descentralização e voltado para os *resultados (eficiência e qualidade)* das ações administrativas, em benefício dos então chamados *clientes do Estado*.[262]

Após essas breves considerações, importa salientar que a marca da *descentralização* – que se presta a resolver as duas *crises* do Estado, salientadas neste trabalho – se faz sentir em quase todas as áreas de atuação estatal.[263]

---

[261] PEREIRA, 1998(c), p. 164. É importante ressaltar o contexto histórico e político da implantação da Administração Pública burocrática, qual seja, o contexto do governo autoritário de Getúlio Vargas (*Idem*, p. 163). Este fato explica a característica *centralizadora* do controle sobre a prestação das atividades administrativas que, por via de regra, ficavam a cargo da União. Assim cabe citar, como complemento a essas considerações, a observação de Marcelino Gileno: "Essa *reforma* [reforma que implantou a Administração Pública burocrática] obedecia a uma orientação autocrática e impositiva por ocorrer num período ditatorial, o que contribuiu para que a administração assumisse características de um sistema fechado" (Cf. GILENO, 1988, p. 38).

[262] Em linhas gerais, pode-se dizer que o modelo *gerencial* pretende introduzir, no setor público, a concepção de administrar segundo a lógica da iniciativa privada. Ou seja, deve-se ter presente que "...o princípio da legalidade é uma das pré-condições para a boa gestão pública, mas há que se prestigiar, no mínimo com a mesma ênfase, os aspectos da eficiência, eficácia, economicidade, qualidade e efetividade da gestão. Afinal, o Estado existe primordialmente para cumprir seu papel social que é o de responder às demandas legítimas da sociedade. De nada ou quase nada adianta uma gestão irreparável do ponto de vista do cumprimento de todas as normas exigidas se o resultado de sua ação concreta é pífia, nula ou desprezível no que concerne ao atendimento do cidadão e na resposta às suas demandas e necessidades" (Cf. PESSOA, 1997, p. 52-53). A *descentralização administrativa voltada para os resultados* tem, como objetivo maior, a qualidade de vida dos cidadãos, que são, segundo Bresser Pereira, *clientes* do Estado (Cf. PEREIRA, 1998(c) p. 21). Tratando do cidadão-cliente no Brasil, Cláudia Costin publicou artigo no Site do Ministério da Administração e Reforma do Estado (Cf. COSTIN, 1999). O conceito de cliente, adotado pelos articuladores da reforma, provém de obras norte-americanas, como o trabalho de David Osborne e Ted Gaebler (Cf. OSBORNE, 1994, p. 181-203). Em Bresser Pereira, os clientes podem ser internos à Administração Pública (servidores públicos) ou externos (consumidores e contribuintes) (Cf. PEREIRA, 1998(c), p. 219). De fato, não se pode deixar de notar que, entre o conceito de cliente e o conceito de consumidor, no caso dos *serviços públicos*, existe uma estreita relação. Entretanto, quando se trata de um contribuinte, que recebe a prestação das *funções irrenunciáveis do Estado* (educação, saúde pública, etc.) o conceito de cliente parece totalmente descabido, já que não se está diante de atividades econômicas.

[263] A expressão '*descentralização*' é empregada aqui com o mesmo significado já exposto no primeiro capítulo, acerca da execução direta da prestação de serviços públicos através da Administração Pública *indireta*. Ou seja, o Estado tende a criar pessoas jurídicas novas, ou a atribuir maiores tarefas àquelas já existentes no âmbito das três esferas da Administração Pública (federal, estadual e municipal).

Em outros termos, quer-se dizer que, excetuando as atividades onde a presença do Estado é imprescindível a sua própria sobrevivência,[264] o processo de reforma pretende deixar que as pessoas da *administração pública indireta* cuidem, dentre outras coisas, da *fiscalização* daquelas *atividades econômicas* (no caso, os serviços públicos) que, uma vez prestadas por esta mesma *administração pública indireta* (autarquias, empresas públicas, etc.), passam a ser desempenhadas por *empresas privadas*.

Como o atual ordenamento jurídico tem proporcionado (ou pode proporcionar) uma maior atuação dos consumidores junto a essas pessoas da administração pública indireta, com atribuições *fiscalizatórias*, é a questão que mais interesse desperta no momento.

3.2.2. Agências reguladoras como espécie de agência estatal

A Reforma Administrativa em curso no Brasil está fundamentada, dentre outras coisas, na *eficiência* do setor público. Não é à toa que a Emenda Constitucional nº 19, de 4 de junho de 1998, consagrou a *eficiência* como *princípio constitucional da Administração Pública*, ao lado dos princípios da *legalidade, impessoalidade, moralidade e publicidade* (art. 37, *caput*, da CF).[265]

---

[264] Trata-se de um setor do Estado, denominado *núcleo estratégico*. Em nível federal, ele é composto pelo Presidente da República e seus Ministérios, bem como pelos órgãos máximos dos outros dois Poderes de Estado (Congresso e Tribunais Superiores). Nos níveis estadual e municipal existem, segundo Bresser Pereira, correspondentes *núcleos estratégicos* (Cf. PEREIRA, 1998(b), p. 24). Nesta mesma publicação (p. 25) existe um quadro esquemático, onde é possível entender como o processo de reforma do Estado pretende dividir as áreas de atuação estatal. Nele, pode-se encontrar as empresas privadas como prestadoras e as *agências reguladoras*, no controle das atividades econômicas, dentre as quais, os serviços públicos.

[265] A EC nº 19, de 4 de junho de 1998 estabeleceu modificações no texto constitucional com a intenção de garantir e efetivar ainda mais a transformação da AP burocrática em AP gerencial (voltada para resultados eficientes e com qualidade).

Inspirado no modelo norte-americano das *Commissions*[266] – embora tenha, atualmente, mais afinidade com

---

[266] AGUILLAR, 1999, p. 227. Segundo Conrado Hübner Mendes, o surgimento das agências reguladoras nos Estados Unidos passou por cinco fases: 1ª – O nascimento do processo regulatório (1887); 2ª - O surgimento do *New Deal* e o debate constitucional-jurisprudencial sobre a utilidade das agências (1930-1945); 3ª - A edição de uma lei geral de procedimento administrativo *(APA – Administrative Procedural Act)*, que conferiu unidade e maior legitimidade ao processo regulatório norte-americano (1945-1965); 4ª - O surgimento do processo de *captura* das agências reguladoras pelos agentes regulados, fato que desvirtuou as finalidades da regulação enquanto desvinculada do poder político (1965-1985); 5ª - Fase atual: redefinição do modelo regulatório no sentido de uma maior independência, mas com controles externos para garantir essa maior independência (1985 até os dias de hoje) (Cf. MENDES, 2000, p. 120-121). Além deste contexto histórico, três questões merecem destaque sobre as agências reguladoras nos Estados Unidos: Em primeiro lugar, a observação de José Roberto Pimenta Oliveira, segundo a qual o conceito de agência reguladora nos Estados Unidos "... têm um campo semântico muito superior ao nosso de 'autarquia', tal como tradicionalmente estudada como um dos meios de descentralização administrativa, integrante da Administração Indireta" (Cf. OLIVEIRA, 2000, p. 332). Em segundo lugar, é importante observar, conforme Conrado Hübner Mendes, que nos Estados Unidos a concepção de serviços públicos é bem diferente da nossa, calcada no modelo francês: "Não há, nem nunca houve, nesse país [EUA], com exceção de pouquíssimos casos isolados, a preocupação estatal de avocar a titularidade de uma dada atividade econômica, para que depois se delegasse a particulares o seu exercício em regime de Direito Público (...) Nos Estados Unidos, ao contrário, as atividades econômicas sempre permaneceram em mãos de particulares. O que ocorreu, gradativamente, foi a necessidade de regulação de atividades que se mostraram de especial interesse da coletividade, os chamados *business affected a public interest* (negócio afetado pelo interesse público). Aos poucos, então, cada atividade foi adquirindo um regime próprio de regulação" (Cf. MENDES, 2000, p. 119). Por fim, não obstante essa diferença entre os dois sistemas jurídicos, Carlos Ari Sundfeld considera incorreta a afirmação de que o modelo norte-americano de agências reguladoras é incompatível com o nosso ordenamento jurídico. Afirma, pois, que "... entes de regulação nada tem de específicos à *common law*, tanto que foram adotados em países europeus estranhos a esse sistema, como a França (...) A regulação é – isso, sim – característica de um certo modelo econômico, aquele em que o Estado não assume diretamente o exercício de atividade empresarial, mas intervém enfaticamente no mercado utilizando instrumentos de autoridade. Assim, a regulação não é própria de certa família jurídica, mas sim de uma opção de política econômica. Ademais, é totalmente oca a afirmação de que as agências reguladoras seriam estranhas ao Direito tradicional Brasileiro, seja porque toda mudança de algum modo confronta a tradição (por exemplo: o mandado de segurança brasileiro calcou-se na experiência anglo-saxã, sendo incompatível com a herança processual lusitana !) seja porque a estrutura brasileira de divisão dos Poderes, implantada com a Constituição da República, é de clara inspiração norte-americana" (Cf. SUNDFELD, 2000, p. 23).

o modelo europeu[267] – o processo brasileiro de implantação das agências reguladoras desponta como mecanismo apto a realizar as *tarefas exclusivas do Estado* segundo o princípio da eficiência, i. é, com maior agilidade e qualidade nos resultados dessas.[268] Dentre tais tarefas estatais, cabe destacar especificamente a *regulação ou controle das atividades econômicas*, dentre as quais estão os *serviços públicos*.

As agências estatais são pessoas jurídicas que integram a chamada Administração Pública *indireta*. Não são *órgãos públicos*, mas *pessoas jurídicas*, i. é., possuem autonomia político-administrativa, financeira e orçamentária em relação à pessoa jurídica do Estado.[269] A expressão *agência estatal* é, pois, o gênero do qual existem duas espécies: *a) agências executivas; b) agências reguladoras*.

As chamadas agências executivas, regulamentadas na Lei nº 9.649, de 27 de maio de 1998 (arts. 51 e 52),[270] são *autarquias ou fundações públicas*, cuja qualificação "agência"

---

[267] Após defender a compatibilidade da adoção do modelo norte-americano das agências no Brasil, Carlos Ari Sundfeld faz a seguinte observação: "De resto, o processo de implantação dos órgãos reguladores no Brasil tem muito mais afinidade com o da Europa atual – onde são usadas as expressões "autoridades administrativas independentes" ou "entes de regulação" – com o qual tem em comum os desafios da desestatização, da desregulação e da implantação da competição" (*Idem, ibidem*). Resumindo: o Brasil adotou uma idéia norte-americana, mas a implantação dessa idéia se dá nos moldes estabelecidos nos países europeus, como a França.

[268] AGUILLAR, 1999, p. 227. No mesmo sentido, v. MEDAUAR, 1999, p. 83. Dentre as atividades consideradas como *exclusivas do Estado*, e onde se inserem as agências estatais, podem ser citadas a *polícia*, a *fiscalização*, a atividade *regulamentadora*, o *fomento da área social e científica* e a *seguridade social* (Cf. PEREIRA, 1998(c), p. 103).

[269] Segundo lição de Odete Medauar, a expressão 'órgão público' deve ser entendida ou utilizada "... para designar unidade de atuação integrante de uma pessoa jurídica". Assim, a pessoa jurídica do Estado é composta pelos mais variados órgãos. Na Administração Pública *indireta*, onde o processo de *descentralização administrativa* cria pessoas jurídicas distintas da pessoa jurídica estatal, também existem órgãos próprios. Exemplos: os órgãos de uma Prefeitura – Administração Pública *direta* (Estado) – e os órgãos de uma autarquia – Administração Pública *indireta*. (Cf. MEDAUAR, 1999, p. 54-58).

[270] Os artigos em questão prevêm: a qualificação das autarquias ou fundações como Agências Executivas por ato presidencial (art. 51, § 1º), a autonomia das agências executivas (art. 51, § 2º); a periodicidade dos contratos de gestão (art. 52, § 1º), dentre outras coisas.

é atribuída por *decreto presidencial específico*,[271] a fim de que as mesmas cumpram as metas estabelecidas no *contrato de gestão*[272] celebrado entre a agência e o Ministério ligado à respectiva atividade de atuação da mesma.

Essas agências desempenham o que Bresser Pereira denominou de *políticas de governo*.[273] Isto significa que elas trabalham de acordo com as prioridades estabelecidas pelo partido (ou coalizão partidária) que estiver no poder. No que toca à composição dessas agências, cabe destacar que seus dirigentes serão sempre nomeados, e poderão ser livremente exonerados dos cargos, *pelo Presidente da República*.[274]

Já as agências reguladoras – que têm assumido preferencialmente a forma de *autarquias*[275] – se prestam a desempenhar *políticas permanentes de Estado*, i. é., suas diretrizes não devem-se sujeitar a alterações, oriundas de eventuais mudanças nas políticas governamentais.[276] Por esta razão, afirma-se que possuem *maior autonomia em relação ao governo*[277] do que as agências executivas,

---

[271] BANDEIRA DE MELLO, 1999, p. 160. No mesmo sentido, v. PEREIRA, 1998(c), p. 228.

[272] O contrato de gestão é instrumento jurídico celebrado entre a agência executiva e o Ministério Supervisor da atividade a qual a primeira se presta a desempenhar. Nele estarão dispostas as metas a serem atingidas pela agência no exercício de suas tarefas, cujo controle será exercido pelo respectivo Ministério. Exemplo: institui-se uma agência executiva no setor da seguridade social (previdência). O contrato de gestão deverá ser celebrado entre a agência e o Ministério da Previdência Social, a assim por diante. Na CF, o contrato de gestão está previsto no art. 37, § 8º: "A Administração Pública (...) obedecerá aos princípios (...) e também ao seguinte: (8º) A autonomia gerencial, orçamentária e financeira dos órgãos e entidades da administração direta e indireta poderá ser ampliada mediante contrato, a ser firmado entre seus administradores e o poder público, que tenha por objeto a fixação de metas de desempenho para o órgão ou entidade... ". O mencionado dispositivo legal é fruto da Emenda Constitucional nº 19/98.

[273] PEREIRA, 1998(c), p. 225.

[274] *Idem*, p. 225-226.

[275] AGUILLAR, 1999, p. 232.

[276] PEREIRA, 1998(c), p. 225.

[277] A questão da autonomia das agências reguladoras – em especial, a autonomia *política* – é tema muitíssimo polêmico e por demais importante. Na verdade, merece um tratamento todo especial, que infelizmente não pode ser oferecido neste trabalho. Cabe citar, como contribuição, a observação de Carlos Ari Sudfeld sobre o tema: "Uma pergunta poderia ser colocada: o fato

não sendo necessária a figura do contrato de gestão.[278] Quanto à sua composição, há também uma diferença marcante com relação às agências executivas, visto que a indicação de seus dirigentes deve ser aprovada pelo Congresso e, uma vez aprovada, os mesmos deverão exercer mandato previsto na lei de criação da respectiva agência.[279]

As agências reguladoras possuem campo de atuação mais específico, se comparadas às agências executivas. Enquanto as primeiras se prestam a atividades como arrecadação de impostos, promoção de seguridade social, garantia de segurança pública, dentre outras,[280] as agências reguladoras são responsáveis pelo controle dos preços de atividades econômicas no mercado – como vem ocorrendo com os serviços públicos – e, além dessa tarefa, se prestam a fiscalizar também a qualidade, i. é. a adequação das mesmas em prol dos usuários-consumidores.

Em suma, as agências executivas, como o próprio nome sugere, desempenham atividades relacionadas à *execução de políticas públicas*, i. e., políticas de *governo*. Já as agências reguladoras se prestam ao desempenho de tarefa específica e permanente, consistente na *regulação de atividades econômicas* (no caso, os serviços públicos).[281]

---

de as agências reguladoras encontrarem-se situadas na Administração Indireta não proporcionaria uma maior exposição às ingerências políticas? Em que medida as agências podem ser autônomas se estão ligadas ao Executivo de alguma forma, pois são parte da Administração Pública Indireta? A resposta tem de ser matizada. Há agências com alto grau de autonomia e outras com pouca ou nenhuma autonomia, dependendo do arranjo legal" (Cf. SUNDFELD, 2000, p. 26).

[278] *Idem*, p. 226. Quanto às agências reguladoras já existentes existe uma forte exceção a essa regra. Nada mais, nada menos do que a ANEEL (Agência Nacional de Energia Elétrica). De fato, a Lei nº 9.427, de 26 de dezembro de 1996, que instituiu a mencionada agência, prevê o contrato de gestão a ser celebrado *entre a Diretoria e o Poder Executivo* (art. 7º).

[279] *Idem, ibidem*. Ao contrário das agências reguladoras, os dirigentes das agências executivas, como visto, podem ser exonerados de seus cargos a qualquer tempo por vontade do Presidente da República.

[280] *Idem*, p. 226.

[281] Para Eduardo Battaglia Krause, a regulação pode ser entendida como "... o somatório de atos contínuos referentes a prestação dos serviços públicos delegados que se suportam numa relação contratual entre delegante e dele-

3.2.3. Agências reguladoras e organizações sociais: distinções

As agências reguladoras também não devem ser confundidas com as chamadas *organizações sociais*. A começar pela natureza jurídica, as organizações sociais, ao contrário das agências reguladoras, são pessoas jurídicas de direito *privado* – em geral, associações ou fundações privadas – que desempenham atividades *sem fins lucrativos, voltadas especialmente para a área social*.[282] Constituem-se na chamada *esfera pública não-estatal*[283] a qual, não poucas vezes, está relacionada ao conceito *anglo-saxônico* de *terceiro setor*.[284]

As organizações sociais estão relacionadas ao processo de transferência da *prestação* de certas *funções irrenunciáveis do Estado* (como a saúde, p. ex.) para fora das pessoas jurídicas *de direito público* (Administração Pública direta e indireta). A participação destas tende a ficar adstrita ao mero *dever-poder* de fiscalização, mediante o instrumento do *contrato de gestão*. Não obstante

---

gatário, bem como na aproximação de todas as partes envolvidas, buscando o conhecimento, a convivência e a conciliação (...) A regulação não é tão somente um ato econômico ou jurídico. Está no seu cerne o equilíbrio dos contratos, a qualidade dos serviços prestados e a conseqüente satisfação dos usuários" (Cf. KRAUSE, 2001, p. 19).

[282] MODESTO, 1997, p. 199.

[283] PEREIRA, 1998(c), p. 235-250. As Organizações Sociais fazem parte do chamado processo de *publicização das atividades não-exclusivas do Estado* (*Idem*, p. 247-250) . Sem aprofundar o assunto, cabe destacar que muitas delas são *funções irrenunciáveis do Estado* (como as Universidades, a saúde, etc.), mas nenhuma delas corresponde a prestação de serviços públicos, pois não há exploração de atividade econômica, e sim, de atividades *sem fins lucrativos*. Além disso, como sucede com as agências executivas, as organizações sociais estão vinculadas ao Estado mediante *contrato de gestão* (e não de concessão), segundo o art. 37, § 8º, da CF. Sobre o contrato de gestão nas organizações sociais, v. BARBOZA, 1997, p. 23-30; e BANDEIRA DE MELLO, 1999, p. 154-160.

[284] A relação entre *esfera pública não-estatal* e *terceiro setor* explica-se pela posição intermédia que ambos os conceitos assumem, diante da esfera pública estatal (Estado propriamente dito, Administração Pública, Legislativo e Judiciário) e da esfera privada (mercado). Daí a razão pela qual estes conceitos estão relacionados ao próprio conceito de sociedade civil como espaço de interação entre Estado e mercado. O conceito de sociedade civil sob este ponto de vista é analisado por Leonardo Avritzer (Cf. AVRITZER, 1994, p. 23-40). Por fim, sobre o conceito de *terceiro setor*, v. SALAMON, 1998, p. 5-11.

sua relevância inconteste, a discussão acerca da validade ou efetividade do processo de transferência sobre a prestação de *funções* que *a priori* devem ser prestadas pelo Estado transcende os objetivos deste trabalho.

Importa, isso sim, salientar a distinção entre *pessoas jurídicas de direito público*, que desempenham o controle sobre a prestação de *atividades econômicas* (agências reguladoras), e *pessoas jurídicas de direito privado*, que prestam *atividades sem fins lucrativos na área social* (esfera pública não-estatal ou organizações sociais).

3.2.4. A fiscalização a cargo dos consumidores na Lei nº 8.987/95

Não obstante as novas legislações a respeito do controle da prestação dos serviços públicos pelas agências reguladoras, cabe relembrar as disposições, expressas na Lei nº 8.987/95, sobre a *fiscalização a cargo dos consumidores*. Assim, o art. 3º deixou claro que a fiscalização da prestação dos serviços públicos concedidos ou permitidos, realizada pelo poder concedente (Administração Pública), deverá contar com a *cooperação dos usuários*.

O parágrafo único do art. 30, complementando a disposição anterior, dispõe que a fiscalização da prestação dos serviços públicos deverá ocorrer, segundo norma regulamentar, por intermédio de uma *comissão*, composta por membros do poder concedente, do poder concessionário, e *dos usuários*.

Segundo Blanchet, deve-se destacar o fato de que esta fiscalização ocorrerá de forma *periódica*, e não permanentemente.[285] Para Aguillar, no entanto, a *periodicidade* da fiscalização é um equívoco, pois não existe efetivo poder fiscalizatório se não estiver presente o fator surpresa, i. é, se a fiscalização não ocorrer *sem hora marcada*.[286] Os

---

[285] BLANCHET, 1995, p. 142.

[286] " ... o direito de fiscalização supõe o elemento surpresa. Fiscalização com hora marcada é tão inútil quanto a falta de fiscalização, de modo que ou o poder de fiscalizar é permanente ou inexiste. Embora seja possível estabelecer

dispositivos legais da Lei nº 8.987/95, segundo a análise de Aguillar, não apresentam a mesma relevância do que as disposições contidas nas legislações específicas sobre os serviços públicos *privatizados*, as quais, dentre outras coisas, instituíram e regulamentaram o exercício das agências reguladoras federais.[287]

3.2.5. A ANATEL

3.2.5.1. Considerações gerais sobre o setor de telecomunicações no Brasil. As transformações sentidas no Brasil quanto ao setor de telecomunicações refletem, em muito, as conseqüências das metas definidas, em nível internacional, pelo Acordo sobre Telecomunicações firmado no âmbito da OMC (Organização Mundial do Comércio).[288] Pelo Acordo, cada Estado-Membro deve-

---

obrigação de prestações de contas periódicas, em alguns tipos de serviços, na maior parte dos casos, a periodicidade é nociva ao poder fiscalizatório" (Cf. AGUILLAR, 1999, p. 249).

[287] *Idem*, p. 250. Na obra de Eduardo Battaglia Krause (KRAUSE, 2000, p. 165-279), pode-se encontrar as legislações que instituíram e regulamentam as nove agências nacionais ou federais existentes. São elas: Lei nº 9.427, de 26 de dezembro de 1996 (institui a ANEEL – Agência Nacional de Energia Elétrica); Lei nº 9.472, de 16 de junho de 1997 (institui a ANATEL – Agência Nacional de Telecomunicações); Lei nº 9.478, de 6 de agosto de 1997 (institui a ANP – Agência Nacional do Petróleo); Lei nº 9.782, de 26 de janeiro de 1999 (institui a ANVISA – Agência Nacional de Vigilância Sanitária); Lei nº 9.961, de 28 de janeiro de 2000 (institui a ANS – Agência Nacional de Saúde Suplementar); Lei nº 9.984, de 17 de julho de 2000 (institui a ANA – Agência Nacional de Águas); Lei nº 10.233, de 5 de junho de 2001 (institui a ANTT – Agência Nacional de Transportes; a ANTAQ – Agência Nacional de Transportes Aquaviários e; o DNIT – Departamento Nacional de Infra-Estrutura de Transportes). Para este trabalho, serão apreciadas apenas as duas primeiras leis (ANATEL e ANEEL). É importante notar que algumas das agências reguladoras mencionadas não exercem poder regulatório sobre atividades entendidas como serviços públicos. É o caso, por exemplo, da ANP, da ANVISA e da ANS. Assim, cabe reafirmar que as agências reguladoras não surgem apenas no intuito de controlar a prestação de serviços públicos, mas estendem-se também para outras atividades.

[288] CELLI JR., 1998, p. 151. Cabe ressaltar que a existência de acordos internacionais para disciplinar os serviços de telecomunicações não é nada recente. João Carlos Mariense Escobar, em obra dedicada especificamente ao tema das telecomunicações, observa que "Foi para disciplinar a utilização do telégrafo elétrico que, em 1848, surgiram os primeiros entendimentos internacionais relacionados com regulamentação de telecomunicações (...) Em 1865, o governo da França lançou as bases daquela que viria a ser uma das primeiras organizações internacionais de telecomunicações. Em reunião com mandatá-

rá, dentre outras coisas, indicar uma lista com os compromissos específicos por ele assumidos.[289]

Não obstante, o caso brasileiro registra, antes da existência desse Acordo Internacional, a clara intenção de passar a execução desses serviços para as empresas privadas, utilizando-se, em muitos casos, do instrumento contratual da concessão. Tal registro pôde ser sentido, no âmbito jurídico, pela edição da Emenda Constitucional nº 8, de 15 da agosto de 1995, a qual foi a responsável pela atual redação do art. 21, XI, da CF.[290]

Após a EC nº 8/95 e a adesão ao Acordo da OMC, o próximo passo foi a criação da Lei nº 9.472, de 16 de julho de 1997, a qual veio a modificar o antigo CBT (Código Brasileiro de Telecomunicações), a regulamentar o novo modelo de prestação dos serviços de telecomunicações – através das empresas privadas – e, o que interessa de momento, a instituir e dispor sobre o funcionamento de *órgão controlador da prestação desses serviços.*[291] Por oportuno, cabe observar que os serviços de telecomunicações não podem ser identificados apenas com os serviços de *telefonia.* Assim, o art. 60, § 1º c/c art. 69, parágrafo único, ambos da Lei nº 9.472/97,

---

rios de países europeus para tratar de interesses comuns, vinte e um destes firmaram, em 17 de maio, o primeiro convênio telegráfico entre nações, do qual nasceu a União Telegráfica Internacional" (Cf. ESCOBAR, 1999, p. 49). Quanto às atuais organizações internacionais sobre telecomunicações, são citadas pelo autor a UIT (União Internacional de Telecomunicações), a INTELSAT (Organização Internacional de Telecomunicações por Satélite), a INMARSAT (Organização Internacional de Telecomunicações Marítimas por Satélite) e a CITEL (Comissão Interamericana de Telecomunicações) (*Idem,* p. 49-52).

[289] *Idem,* p. 151-152. Sobre a participação do Brasil no Acordo sobre Telecomunicações, afirma o autor: "O Brasil assinou recentemente essa lista (Protocolo nº 4/97), que consolida as ofertas dos setenta países que concordaram com a abertura de seus mercados de telecomunicações. A oferta consolidada do Brasil, que tem eficácia em face do Direito Internacional, mas que depende ainda de ratificação pelo Congresso Nacional, será operacional a partir de 1º de janeiro de 1998 em todos os serviços que a legislação brasileira já contempla" (*Idem,* p. 152).
[290] *Idem,* p. 152-153. Para uma análise mais detalhada das transformações sentidas no setor de telecomunicações no Brasil, em especial, com o advento da EC nº 8/95, v. MARQUES NETO, 2000, p. 302-306.
[291] *Idem,* p. 153-154.

encarregam-se de definir o que venham a ser os *serviços de telecomunicações*.[292]

Ainda dignas de observação, são as distinções, feitas pela lei em questão, entre *serviços de interesse coletivo e serviços de interesse restrito* (art. 62 e parágrafo único),[293] e, mais importante ainda, entre *serviços prestados no regime jurídico público e serviços prestados no regime jurídico privado* (art. 63 e parágrafo único, e art. 64).[294] Ou seja, os serviços de telecomunicações, que se tratam verdadeiramente de *atividades econômicas*, poderão ser prestados como *serviços públicos* – obedecendo aos critérios dispostos no art. 175 da CF[295] – ou como *serviços privados*. Os chamados *serviços de interesse coletivo* serão prestados incondicionalmente como *serviços públicos*

---

[292] Dispõe o art. 60, § 1º da Lei nº 9.472/97: "Telecomunicação é a transmissão, emissão ou recepção, por fio, radioeletricidade, meios ópticos ou qualquer processo eletromagnético, de símbolos, caracteres, sinais, escritos, imagens, sons ou informações de qualquer natureza"; Dispõe o art. 69, parágrafo único da Lei nº 9.472/97: "Forma de comunicação é o modo específico de transmitir informação (...) considerando-se formas de comunicação, entre outras, a telefonia, a telegrafia, a comunicação de dados e a transmissão de imagens". Para este trabalho, devido à abrangência das formas de serviços de telecomunicações, estes serão analisados apenas pelo serviço de *telefonia*. Cabe salientar, entretanto, a existência da Lei nº 8.977, de 6 de janeiro de 1995, a qual dispõe sobre o serviço de *TV 'a cabo*, sem dúvida alguma, uma espécie do gênero serviço de *telecomunicações*.
[293] Dispõe o art. 62 da Lei nº 9.472/97: "Quanto à abrangência dos interesses a que atendem, os serviços de telecomunicações classificam-se em serviços de interesse coletivo e serviços de interesse restrito"; Dispõe o parágrafo único: "Os serviços de interesse restrito estarão sujeitos aos condicionamentos necessários para que sua exploração não prejudique o interesse coletivo". Sobre o tema, v. ESCOBAR, 1999, p. 29-30.
[294] Dispõe o art. 63 da Lei nº 9.472/97: "Quanto ao regime jurídico de sua prestação, os serviços de telecomunicações classificam-se em públicos e privados"; Dispõe o parágrafo único: "Serviço de telecomunicações em regime público é o prestado mediante concessão ou permissão, com atribuição a sua prestadora de obrigações de universalização e de continuidade". Sobre o tema, v. ESCOBAR, 1999, p. 28-29.
[295] O Título II da Lei nº 9.472/97 dispõe sobre os *serviços prestados em regime público*. Assim, digno de menção são os arts. 83 e 84, os quais tratam da obrigatoriedade de uma *concessão*, que será procedida entre as empresas privadas e a ANATEL (art. 83), e da sujeição, por tais empresas, ao *plano geral de outorgas*, o qual *dividirá o País em áreas, especificará o número de prestadoras privadas para cada uma destas áreas, e especificará os prazos de vigência e admissão de novas prestadoras* (art. 84).

(art. 64 da Lei nº 9.472/97),[296] e os *serviços de interesse restrito,* como *serviços privados* (art. 67).[297]

3.2.5.2. A regulamentação da ANATEL e o controle da prestação dos serviços públicos de telecomunicações pelos consumidores.

Quanto ao controle da prestação dos serviços de telecomunicações, tanto públicos quanto privados, ficará o mesmo a cargo da ANATEL (Agência Nacional de Telecomunicações), verdadeira *agência reguladora,* cuja natureza jurídica corresponde à análise genérica procedida há pouco.[298] Para os objetivos deste trabalho, a Agência será analisada enquanto órgão regulador da prestação dos *serviços públicos,* em especial, os serviços de *telefonia.*[299]

---

[296] Dispõe o art. 64 da Lei nº 9.472/97: "Comportarão prestação no regime público as modalidades de serviço de telecomunicações de interesse coletivo, cuja existência, universalização e continuidade a própria União comprometa-se a assegurar". Importante para este trabalho é a disposição do parágrafo único deste artigo: "Incluem-se neste caso as diversas modalidades do serviço telefônico fixo comutado, de qualquer âmbito, destinado ao uso do público em geral".

[297] Dispõe o art. 67 da Lei nº 9.472/97: "Não comportarão prestação no regime público os serviços de telecomunicações de interesse restrito".

[298] Cf. *supra,* item nº 3.2.2. Sobre a criação da ANATEL, dispõe o art. 8º da Lei nº 9.472/97: "Fica criada a Agência Nacional de Telecomunicações, entidade integrante da Administração Pública Federal indireta, submetida a regime autárquico especial e vinculada ao Ministério das Comunicações, com a função de órgão regulador das telecomunicações, com sede no Distrito Federal, podendo estabelecer unidades regionais". Benedicto Porto Neto, interpretando a expressão *"regime autárquico especial",* afirma que "Tal previsão tem por propósito sujeitar a Agência apenas às normas previstas na própria Lei Geral de Telecomunicações, de maneira que não lhe é aplicável o *regime geral* das autarquias, o qual está consagrado no Decreto-lei 200, de 1967. Por conseguinte, as normas que disciplinam a atuação da ANATEL estão contidas na própria Lei Geral de Telecomunicações e, também, nos atos normativos que a regulamentam, isto é, no decreto do Presidente da República (Decreto 2.338, de 1997) e no Regimento Interno da Agência. Numa primeira aproximação, pode-se afirmar que *regime especial* contrapõe-se ao *regime geral,* de forma a negar o tradicional figurino das autarquias" (Cf. PORTO NETO, 2000, p. 287).

[299] Sobre a divisão do antigo sistema estatal TELEBRÁS em empresas privadas de operação regional (como a Brasil Telecom p. ex.) e empresas privadas de operação nacional (como a EMBRATEL) v. MALUF, 1999. Sobre o novo conceito de *assimetria regulatória,* introduzido pela Lei Geral de Telecomunicações para tentar equilibrar as metas de universalização e competição, v. MARQUES NETO, 2000, p. 307.

Importa considerar, primeiramente, a *estrutura* da Agência. Preliminarmente, o art. 8º, § 1º, da Lei nº 9.472/97 define os órgãos que irão compor a mesma.[300] No que toca à *participação dos consumidores nas decisões da ANATEL*, deve-se voltar a atenção para a estrutura de dois órgãos em especial, a saber, o *Conselho Consultivo* e a *Ouvidoria*.

O *Conselho Consultivo*, dispõe o art. 33 da Lei nº 9.472/97, é *o órgão de participação institucionalizada da sociedade na Agência*.[301] Segundo Aguillar, representa a maior inovação jurídica em matéria de controle da prestação de serviços públicos, desempenhado pelos próprios usuários.[302]

Dentre os membros do Conselho, que não atuam com remuneração alguma e possuem mandato de três anos (art. 36 da Lei nº 9.872/97),[303] estão as *entidades representativas dos usuários* e as *entidades representativas da sociedade, nos termos do regulamento* (art. 34 da Lei nº 9.872/97).[304] O 'regulamento' citado no art. 34, é aquele que irá disciplinar o *funcionamento da ANATEL* (art. 37 da Lei nº 9.472/97),[305] tendo sido instituído pelo Decreto nº 2.338, de 7 de outubro de 1997.

Assim, o art. 36 do Decreto define o número de conselheiros,[306] e o § 1º do mesmo artigo, as atribuições

---

[300] Dispõe o art. 8º, § 1º, da Lei nº 9.472/97: "A Agência terá como órgão máximo o Conselho Diretor, devendo contar, também, com um Conselho Consultivo, uma Procuradoria, uma Corregedoria, uma Biblioteca e uma Ouvidoria, além das unidades especializadas incumbidas de diferentes funções".
[301] ESCOBAR, 1999, p. 57.
[302] AGUILLAR, 1999 p. 252.
[303] Dispõe o art. 36 da Lei nº 9.472/97: "Os membros do Conselho Consultivo, que não serão remunerados, terão mandato de três anos, vedada a recondução".
[304] Dispõe o art. 34 da Lei nº 9.472/97: "O Conselho será integrado por representantes indicados pelo Senado Federal, pela Câmara dos Deputados, pelo Poder Executivo, pelas entidades de classe das prestadoras de serviços de telecomunicações, por entidades representativas dos usuários e por entidades representativas da sociedade, nos termos do regulamento".
[305] Dispõe o art. 37 da Lei nº 9.472/97: "O regulamento disporá sobre o funcionamento do Conselho Consultivo".
[306] Dispõe o art. 36 do Decreto nº 2.338/97: "O Conselho Consultivo, órgão de participação institucionalizada da sociedade na Agência, será integrado por doze conselheiros e decidirá por maioria simples, cabendo ao seu Presidente o voto de desempate". Cabe ressaltar que o Presidente do Conselho

do Conselho já expressas, a bem da verdade, no art. 35 da Lei nº 9.472/97.[307]

Após a definição do número de conselheiros, cabe destacar a definição da forma pela qual os mesmos ingressarão no Conselho, tarefa atribuída ao art. 37 do Decreto nº 2.338/97.[308] A análise desta norma jurídica revela, ao menos do ponto de vista legal, um equilíbrio na *composição* do Conselho Consultivo.[309] Ou seja, em que pese a ação decisória do Poder Executivo (designação por decreto do Presidente da República), cada setor envolvido com a prestação dos serviços de telecomunicações indicará o *mesmo número de representantes*, inter-

---

será escolhido segundo dispõe o parágrafo único do art. 34 da Lei nº 9.472/97: "O Presidente do Conselho Consultivo será eleito pelos seus membros e terá mandato de um ano". O *voto de desempate* do Presidente é critério da mais alta importância, já que sempre estarão em jogo interesses que, *a priori*, são conflitantes, como o caso das prestadoras privadas e dos consumidores. Assim, não se pode negar a importância de um representante dos usuários (consumidores) compor a presidência do Conselho Consultivo, a fim de que possa prevalecer a proteção aos direitos dos consumidores, caso seja necessário o critério do *desempate*.

[307] Dispõe o § 1º do art. 36, do Decreto nº 2.338/97: "Cabe ao Conselho Consultivo: a) opinar, antes do seu encaminhamento ao Ministério das Comunicações, sobre o plano geral de outorgas, o plano geral de metas para a universalização dos serviços prestados no regime público e demais políticas governamentais de telecomunicações; b) aconselhar quanto à instituição ou eliminação da prestação de serviço no regime público; c) apreciar os relatórios anuais do Conselho Diretor; d) requerer informação e fazer proposição a respeito das ações referidas no art. 35". Com efeito, quanto ao item *c*, tais *ações* são, na verdade, as *atribuições do Conselho Diretor*, enumeradas ao longo do art. 35 do Decreto.

[308] Dispõe o art. 37 do Decreto nº 2.338/97: "Os integrantes do Conselho Consultivo, cuja qualificação deverá ser compatível com as matérias afetas ao colegiado, serão designados por decreto do Presidente da República, mediante indicação: I - do Senado Federal: dois conselheiros; II - da Câmara dos Deputados: dois conselheiros; III - do Poder Executivo: dois conselheiros; IV - das entidades de classe das prestadoras de serviços de telecomunicações: dois *conselheiros*; V - das entidades representativas dos usuários: dois conselheiros; VI - das entidades representativas da sociedade: dois conselheiros".

[309] Se há ou não um *desequilíbrio implícito*, que possa ser sentido nos distintos graus de poder político e econômico entre as respectivas representações no Conselho, é tema por demais abrangente para receber uma análise dentro das limitações apresentadas pelo trabalho, sem que tal análise não seja feita senão superficialmente, o que seria inapropriado. Pelo contrário, uma análise mais ampla merece ser alvo de trabalhos futuros, devido a sua manifesta importância, não só para o Direito, como também para a Economia e outros ramos científicos afetos a este tema.

pretando-se de forma positiva a intenção do legislador no intuito de *equilibrar interesses conflitantes*.[310]

Sobre o Conselho Consultivo, por fim, é digno de atenção a distinção entre a representação da *sociedade* e representação dos *usuários*. Ao que parece, o legislador considerou, de forma absolutamente correta, a eminente *falta de conhecimento técnico* dos usuários, no que diz respeito ao funcionamento dos próprios serviços de telecomunicações.[311] Assim, a representação desta 'sociedade' – a qual difere da sociedade de usuários – tem a tarefa de exercer uma representação, não apenas política, mas principalmente *técnica*, no intuito de fortalecer a qualidade desses serviços, e garantir, ainda mais, a efetivação do direito à prestação de um serviço público *adequado* aos consumidores.[312]

Além do Conselho Consultivo, existe ainda outro órgão componente da ANATEL, merecedor de especial atenção. A *Ouvidoria*, a bem da verdade, não é propria-

---

[310] Para Conrado Hübner Mendes não há, no processo regulatório feito pelas agências reguladoras, uma única espécie de *interesse público*. Afirma, pois, o autor: "Identificamos no interior do processo decisório das agências ao menos três tipos de interesses em jogo: o interesse do próprio *Estado*, o interesse das *empresas concessionárias* e o interesse dos *usuários*. Desvelar qual destes é atendido numa decisão concreta da agência é de fundamental importância para não nos curvarmos à enunciação de um interesse público genérico. Terá legitimidade democrática, portanto, a agência que der canais de representação a cada um destes interesses" (Cf. MENDES, 2000, p. 131).

[311] Segundo Fernando Aguillar: "A prestação de serviços públicos nas sociedades de massas implica na realização de investimentos grandiosos e envolvem a consideração de inúmeras questões de ordem técnica, seja na estratégia de implementação desses serviços, seja na escolha da forma da infra-estrutura destinada a sustentar sua continuidade (...) O usuário dos serviços de telecomunicações ou energia elétrica, por exemplo, que envolvem sofisticadas questões tecnológicas, não tem elementos técnicos para opinar sobre a conveniência e adequação das decisões administrativas envolvendo esse serviço" (Cf. AGUILLAR, 1999, p. 221-222). No mesmo sentido, v. MENDES, 2000, p. 130.

[312] Neste sentido, prossegue Aguillar: "A representatividade meramente política é distinta da representatividade técnica com fundo político" (*Idem*, p. 221). Os usuários desempenham a primeira, mas dificilmente irão desempenhar a segunda, visto que, por via de regra, lhes falta o conhecimento técnico necessário. De posse do mesmo estão profissionais especializados como engenheiros, economistas, etc. Sobre a postura política de tais profissionais, deverá a mesma ser favorável aos interesses dos consumidores, embora não haja garantia alguma para que isso ocorra.

mente um órgão, mas uma função, atribuída, em dois anos de mandato, a um indivíduo – o *Ouvidor* – mediante nomeação do Presidente da República (art. 50 do Decreto nº 2.338/97).[313]

O ouvidor deverá fazer *apreciações críticas* (baseadas em sugestões ou reclamações feitas pelos consumidores), sobre a atuação da Agência no controle da qualidade dos serviços prestados (públicos e privados). Tais apreciações deverão ser repassadas aos principais órgãos da ANATEL (Conselho Diretor e Conselho Consultivo), bem como ao Ministério das Comunicações, a outros órgãos do Poder Executivo e ao Congresso Nacional. Devem ser, por fim, *publicadas no Diário Oficial da União* (art. 52 do Decreto nº 2.338/97).[314] A publicação das apreciações recebidas pelo Ouvidor no DOU, seguida do arquivamento na Biblioteca da Agência, são fatos da mais alta importância, pois possibilitam, através da *consulta pública*, uma forma de garantir aos consumidores o direito *à informação adequada sobre a qualidade dos serviços prestados* (art. 6º, III, do CDC).

Cabe ressaltar, também, que a atuação do Ouvidor se dá com total *independência*, i. é., sem vinculação hierárquica alguma com o Conselho Diretor, principal órgão da ANATEL (art. 53 do Decreto nº 2.338/97).[315] Digna de nota é a vedação expressa ao Ouvidor – como a todos os Conselheiros (art. 29 do Decreto nº 2.338/97)[316] –

---

[313] Dispõe o art. 50 do Decreto nº 2.338/97: "A Agência terá um Ouvidor nomeado pelo Presidente da República para mandato de dois anos, admitida a recondução".

[314] Dispõe o art. 52 do Decreto nº 2.338/97: "Compete ao Ouvidor produzir, semestralmente ou quando oportuno, apreciações críticas sobre a atuação da Agência, encaminhando-as ao Conselho Diretor, ao Conselho Consultivo, ao Ministério das Comunicações, a outros órgãos do Poder Executivo e ao Congresso Nacional, fazendo-as publicar no Diário Oficial da União, e mantendo-as em arquivo na Biblioteca para conhecimento geral".

[315] Dispõe o art. 53 do Decreto nº 2.338/97: "O Ouvidor atuará com independência, não tendo vinculação hierárquica com o Conselho Diretor ou seus integrantes".

[316] Dispõe o art. 29 do Decreto nº 2.338/97: "É vedado aos conselheiros ter interesse significativo, direto ou indireto, em empresa relacionada com telecomunicações". A norma em questão diz respeito aos membros do Conselho Diretor. Na composição do Conselho Consultivo, entretanto, a representação

---

Defesa do Consumidor e Regulação

de ter qualquer tipo de relação com empresa prestadora de serviços de telecomunicações (art. 55 do Decreto nº 2.338/97).[317]

Por fim, sobre a atuação dos consumidores na ANATEL, ressalte-se ainda: a) a previsão legal de atuação do CADE (Conselho Administrativo de Defesa Econômica)[318] como órgão auxiliar ao desempenho das tarefas regulatórias da Agência (art. 18, parágrafo único, do Decreto nº 2.338/97);[319] b) a articulação da ANATEL com os preceitos da Lei nº 8.078/90 – o Código de Defesa do Consumidor – e com as disposições do Decreto nº 2.181/97 – Sistema Nacional de Defesa do Consumidor (art. 19 do Decreto nº 2.338/97);[320] c) a supremacia da ANATEL sobre outras entidades ou órgãos de defesa do consumidor, os quais atuarão de forma supletiva à Agência, cabendo à ANATEL a aplicação das respectivas *sanções administrativas* previstas no CDC (art. 19, parágrafo único, do Decreto nº 2.338/97).[321]

---

dos usuários deverá, logicamente, ocorrer de modo idêntico, i. é., sem que os usuários representantes tenham qualquer vínculo com empresa relacionada aos serviços de telecomunicações.

[317] Dispõe o art. 55 do Decreto nº 2.338/97: "É vedado ao Ouvidor ter interesse significativo, direto ou indireto, em empresa relacionada com telecomunicações, nos termos do art. 29".

[318] Sobre o CADE, deve-se ter presente que este órgão não é verdadeiramente um conselho, mas sim, uma *autarquia*: "O principal órgão de defesa da concorrência no Brasil, o CADE é uma autarquia federal (...) vinculada ao Ministério da Justiça (Lei 8.884/94)" (Cf. AGUILLAR, 1999, p. 282).

[319] Dispõe o parágrafo único do art 18, do Decreto nº 2.338/97: "Os expedientes instaurados e que devam ser conhecidos pelo Conselho Administrativo de Defesa Econômica – CADE ser-lhe-ão diretamente encaminhados pela Agência".

[320] Dispõe o art. 19 do Decreto nº 2.338/97: "A Agência articulará sua atuação com a do Sistema Nacional de Defesa do Consumidor, organizado pelo Decreto nº 2.181, de 20 de março de 1997, visando à eficácia da proteção e defesa do consumidor dos serviços de telecomunicações, observado o disposto nas Leis nº 8.078, de 11 de setembro de 1990, e nº 9.472, de 1997".

[321] Dispõe o parágrafo único do art. 19, do Decreto nº 2.338/97: "A competência da Agência prevalecerá sobre a de outras entidades ou órgãos destinados à defesa dos interesses e direitos do consumidor, que atuarão de modo supletivo, cabendo-lhe com exclusividade a aplicação das sanções do art. 56, incisos VI, VII, IX, X e XI da Lei nº 8.078, de 11 de setembro de 1990".

3.2.6. A ANEEL

3.2.6.1. Considerações gerais sobre o setor elétrico no Brasil.

Assim como ocorreu com as telecomunicações, o setor de energia elétrica sofreu a influência do processo privatizante, confirmando-se este como tendência atual nos países desenvolvidos e, principalmente, naqueles em desenvolvimento. A bem da verdade, pode-se dizer que a *regulação* do setor elétrico, nos moldes atuais, se deu antes mesmo daquela exercida no setor das telecomunicações, visto que a ANEEL é a agência reguladora pioneira no Brasil.[322]

O processo privatizante, iniciado em 1995,[323] apresentou-se como a solução encontrada para a crise do setor elétrico, que se manifestou na década de 80, e que veio a se agravar no início dos anos 90.[324] Crise essa que mostrou a insustentabilidade do antigo modelo, baseado na *estatização* da geração e da distribuição de energia elétrica.[325]

---

[322] OLIVEIRA, 2000, p. 330.

[323] Segundo David Waltenberg a primeira privatização no setor elétrico brasileiro "... ocorreu em julho de 1995 – uma semana após a edição da Lei nº 9.074 – envolvendo uma das poucas empresas distribuidoras federais, a ESCELSA – Espírito Santo Centrais Elétricas S/A. Foi a primeira privatização no setor elétrico brasileiro, quase 50 anos após o início de seu amplo processo de estatização" (Cf. WALTENBERG, 2000, p. 358).

[324] *Idem*, p. 357.

[325] Na esteira de Waltenberg, percebe-se que o desenvolvimento histórico do setor elétrico no Brasil passou por quatro fases. Na primeira fase – que coincide com o período histórico conhecido como República Velha (1889-1934) – a titularidade da geração e distribuição de energia elétrica, salvo raríssimas exceções, era considerada de *interesse local*, i. é., ficava a cargo dos municípios. Na segunda fase, denominada *Federalização* (1934-1950), o Governo de Getúlio Vargas pretendeu superar a crise da queda na exportação do café – conseqüência direta da crise mundial deflagrada com a quebra da Bolsa de Nova York em 1929 – com a implantação de um novo modelo econômico calcado no desenvolvimento industrial voltado para o mercado interno. Assim "... chegou-se a conclusão de que energia elétrica não era mais um assunto de interesse local, mas, ao contrário, passou a ser encarada como um assunto de interesse estratégico nacional (...) Dentro desse novo modelo (...) o Governo acreditou que bastaria criar condições para os investimentos pela iniciativa privada na exploração da energia elétrica, não se cogitando do envolvimento direto do Estado nessa atividade. Isso, todavia, ao longo do tempo, não surtiu os efeitos esperados... " (*Idem*, p. 355). A terceira fase, denominada *Estatização* (1950-1990), precedeu a fase atual, e caracterizou-se

No Brasil, a sistematização normativa sobre as concessões e permissões de serviços públicos, realizada através da Lei nº 8.987/95, propiciou, neste contexto privatizante, a retomada de investimentos da iniciativa privada no setor, bem como a recuperação de obras paralisadas ou atrasadas, iniciadas pelas então empresas públicas.[326]

Em outros termos, foi possível vislumbrar que

"Na medida em que o Estado esgotou a sua capacidade de investimento, que os escassos recursos públicos disponíveis deveriam ser destinados a outras áreas, à épocas consideradas mais prioritárias do que a energia elétrica, e que o setor não desenvolveu mecanismos próprios de sustentação, então a iniciativa privada é que deveria ser chamada a arcar com os investimentos necessários para o desenvolvimento da energia elétrica".[327]

Assim sendo – e em que pesem as críticas que vem recebendo[328] – o processo de privatização do setor elétri-

---

pela tentativa de conciliar o programa de desenvolvimento industrial com a prestação direta dos serviços pelo Estado, corrigindo o erro da fase anterior. Assim "... o país assistiu, a partir do final da década de 40, o avanço estatal nos serviços de energia elétrica, em dois níveis: de um lado, a União, criando grandes empresas geradoras (...) e, de outro lado, os Governos Estaduais, também entrando no setor de energia elétrica, através de empresas distribuidoras (*Idem*, p. 356). Conclui, pois, o autor que "Um após o outro, praticamente todos os Estados criaram, ao longo da década de 50, empresas distribuidoras de energia elétrica, contribuindo para a caracterização do novo modelo setorial brasileiro, o modelo estatal, que, complementado pela criação da ELETROBRÁS, no início da década de 60, predominou até o recente processo de reestruturação e privatização, iniciado em 1995" (*Idem., ibidem*). Sobre o desenvolvimento histórico do sistema elétrico brasileiro a partir da fase de *estatização*, v. BENJAMIN, 2001, p. 10-13.
[326] TÁCITO, 1995(a), p. 33. Segundo Waltenberg "Um levantamento feito em 1995 indicava um total de mais de 20 usinas hidrelétricas com obras paralisadas ou atrasadas, e mais de 30 usinas hidrelétricas, cujas concessões haviam sido outorgadas de longa data, que não tinham tido suas obras iniciadas" (Cf. WALTENBERG, 2000, p. 357).
[327] WALTENBERG, 2000, p. 357.
[328] Uma das críticas mais fortes ao processo de privatização do setor elétrico brasileiro pode ser resumida nas palavras de César Benjamin "... a energia, no Brasil, teria de ser transformada em um negócio muito atrativo. Ora, usinas hidrelétricas exigem a imobilização de recursos vultosos, e nelas o retorno do capital é muito mais lento. O investidor privado prefere natural-

co brasileiro e a redefinição do modelo estatal em termos de *regulação/competição*, apresentam-se como fatos de uma realidade inconteste, a exemplo do que também ocorreu no setor das telecomunicações. Deve-se, em vista dessa realidade, analisar como os consumidores podem controlar a prestação dos serviços de fornecimento de energia elétrica, através da participação institucionalizada na Agência Nacional de Energia Elétrica (ANEEL).

3.2.6.2. A regulamentação da ANEEL e o controle da prestação dos serviços públicos de energia elétrica pelos consumidores. Fruto do processo de *privatização/delegação* da prestação dos serviços públicos de energia elétrica, a Lei nº 9.427, de 26 de dezembro de 1996 instituiu a ANEEL (Agência Nacional de Energia Elétrica), e com as atribuições específicas de uma agência reguladora, quais sejam, o controle de preços e da qualidade dos serviços públicos.[329] A qualificação de agência reguladora pressupõe, além das autonomias administrativa, orçamentária e financeira, típicas de sua natureza jurídica autárquica, uma maior *autonomia política,* i. é, uma maior liberdade decisória frente ao governo (Poder Executivo).

---

mente a termeletricidade, de retorno mais rápido, embora de maior custo (entre 40 e 60 dólares o mWh), pois nela o combustível é comprado. Nenhum problema, desde que o custo seja repassado para o *consumidor* [grifo nosso] (...) Eis o que importa destacar agora: a opção ideológica pela privatização embutia uma opção técnica, tecnicamente indefensável – a mudança da matriz energética brasileira" (Cf. BENJAMIN, 2000, p. 11).

[329] Dispõe o art. 2º da Lei nº 9.427/96: "A Agência Nacional de Energia Elétrica – ANEEL tem por finalidade regular e fiscalizar a produção, transmissão, distribuição e comercialização de energia elétrica, em conformidade com as políticas e diretrizes do governo federal". Há cerca de dois anos, a atuação da ANEEL se fez sentir através da redução do custo das tarifas de 36 empresas concessionárias em todo país. A redução estava prevista desde junho de 1999, quando a própria ANEEL concedeu uma reposição tarifária às concessionárias em virtude da desvalorização do real perante o dólar. Ocorre que a energia e o combustível das termelétricas são negociados em moeda norte-americana, justificando-se assim o aumento nos custos das empresas distribuidoras. No entanto, e segundo a notícia publicada no jornal *Folha de São Paulo*, esta redução tarifária não impediria que as concessionárias exijissem o cumprimento dos contratos de concessão, que preveriam o direito de reajuste anual das tarifas, concedido no aniversário da entrada em operação (Cf. CABRAL, 2000, p. B7).

Assim, a questão da *autonomia política* da ANEEL desperta muito interesse e merece toda a atenção, pois, ao contrário da ANATEL, a agência reguladora dos serviços de energia elétrica está vinculada, mediante *contrato de gestão*, ao Ministério das Minas de Energia (art. 7º da Lei nº 9.427/96).[330] Como foi visto anteriormente, apenas as agências executivas e as organizações sociais celebram contratos de gestão com o governo, representado pelos Ministérios.[331] A ANEEL apresenta-se como uma exceção à regra de que as agências reguladoras, por desempenharem políticas permanentes de Estado (e não de governo), a princípio não necessitam de contratos de gestão.[332]

Expostas estas considerações iniciais, deve-se proceder à análise da *participação dos consumidores* no âmbito da agência.[333] Para tanto, faz-se necessário observar

---

[330] Dispõe o art. 7º da Lei nº 9.427/96: "A Administração da ANEEL será objeto de contrato de gestão, negociado e celebrado entre a Diretoria e o Poder Executivo no prazo máximo de noventa dias após a nomeação do Diretor-Geral, devendo uma cópia do instrumento ser encaminhada para registro no Tribunal de Contas da União, onde servirá de peça de referência em auditoria operacional". Sobre o tema, José Roberto Pimenta Oliveira expõe que "O contrato de gestão da ANEEL foi assinado em 2 de março de 1998, com vigência até 31 de dezembro de 2000, prevendo-se a renovação por períodos sucessivos de quatro anos. Para o exercício de 1998 o valor contratado para custear a ANEEL foi de R$ 129.064.586,00" (Cf. OLIVEIRA, 2000, p. 344).
[331] Cf., *supra*, itens nº 3.2.2 e 3.2.3.
[332] Cf. PEREIRA, 1998(c), p. 226. Quanto à falta de autonomia política da ANEEL, têm-se as observações de Roberto Lotero: "No que se refere à autonomia em relação ao governo a ANEEL a tem do ponto de vista financeiro, mas não do ponto de vista político (...) os problemas vêm surgindo toda hora, sendo que grande parte do quadro funcional está constituído por pessoas que atuam ou atuaram nas empresas de energia elétrica e, muitas vezes, representam certos grupos de interesse (...) Isto certamente é uma fonte de ineficiência, porque expõe o órgão regulador ao risco de captura, uma vez que a agência confunde o interesse público com o interesse da indústria" (Cf. LOTERO, 1999, p. 215-216).
[333] Segundo David A. M. Waltenberg existem dois tipos de consumidor de energia elétrica. Em primeiro lugar, o chamado *consumidor livre* é aquele que "... tem liberdade de escolher seu fornecedor e, mediante processo de livre negociação com este, definir condições específicas de compra e venda de energia elétrica, inclusive no que diz respeito a preços (...) Atualmente, quem tem melhores condições para exercer essa opção são os médio e grandes consumidores, os consumidores de porte, que, pelo nível de sua carga, têm poder de barganha junto aos concessionários" (Cf. WALTENBERG, 2000, p.

sua estrutura mediante o estudo da Lei nº 9.427/96. A direção da ANEEL é formada por *um Diretor-Geral e quatro Diretores* (art. 4º),[334] sendo que, dentre os últimos, será escolhido o *ouvidor*, responsável por recebimento, apuração e solução das reclamações dos usuários (art. 4º, § 1º).[335]

Em comparação à Lei nº 9.472/97 (ANATEL), a participação dos consumidores na ANEEL está restrita a consultas e audiências públicas, no intuito de propiciar que sejam feitas sugestões ou reclamações perante a *ouvidoria*.[336] Ao contrário da agência reguladora das telecomunicações, a Lei nº 9.427/96 não prevê um *conselho consultivo* onde os usuários podem ter uma representação mais significativa, visto que disposta *no âmbito da agência*. Em que pese esta constatação, cabe destacar a

---

374-375). Em segundo lugar, tem-se o chamado *consumidor cativo*: "Os consumidores que não preenchem os requisitos para serem livres e os que, mesmo preenchendo, preferem não exercer a opção para tanto..." *(Idem*, p. 375). Como conclusão, afirma o autor que "... no plano do destinatário final da energia elétrica existem atualmente as duas figuras, do consumidor livre e do consumidor cativo; o livre, que tem possibilidade de negociar condições de fornecimento e de preço; e o cativo, que se submete, mas ao mesmo tempo é protegido pela regulação estabelecida pela ANEEL" *(Idem, ibidem)*.

[334] Dispõe o art. 4º, *caput*, da Lei nº 9.427/96: "A ANEEL será dirigida por um Diretor-Geral e quatro Diretores, em regime de colegiado, cujas funções serão estabelecidas no ato administrativo que aprovar a estrutura organizacional da autarquia". Segundo Fernando Aguillar, o regime de colegiado significa que as deliberações das agências (a ANATEL também delibera em regime de colegiado) não estão "... sujeitas a revisões de outras instâncias administrativas e só podem ser contrariadas por decisão judicial" (Cf. AGUILLAR, 1999, p. 239).

[335] Dispõe o § 1º do art. 4º da Lei nº 9.427/96: "O decreto de constituição da ANEEL indicará qual dos diretores da autarquia terá a incumbência de, na qualidade de ouvidor, zelar pela qualidade do serviço público de energia elétrica, receber, apurar, e solucionar as reclamações dos usuários.

[336] A estrutura da ANEEL prevê sistema de consultas e audiências públicas, onde os consumidores poderão se manifestar perante à agência. A relação do número de consultas e audiências públicas já realizadas pela agência, encontra-se no site da ANEEL: www.aneel.gov.br. O instrumento da audiência pública está previsto no § 3º do art. 4º da Lei nº 9.427/96: "O processo decisório que implicar afetação de direitos dos agentes econômicos do setor elétrico ou dos consumidores, mediante iniciativa de projeto de lei ou, quando possível, por via administrativa, será precedido de audiência pública convocada pela ANEEL". A audiência pública é espaço de manifestação dos consumidores, mas necessita da vontade dos diretores da agência. De qualquer forma, merece ser mencionado como meio para o consumidor lutar por seu direito a uma *adequada e eficaz prestação do serviço público* de energia elétrica (art. 6º, X, do CDC).

vedação ao exercício de cargo na agência, em caso de vínculo com empresa concessionária (cargo, participação como acionista, etc.).

De uma certa forma, e em que pese a realidade da falta de *autonomia política* da agência, a vedação ao exercício de cargos na mesma em função de vínculo com empresas concessionárias não deixa de ser um meio para impedir que o poder econômico dessas empresas prevaleça sobre a vulnerabilidade dos consumidores.[337]

3.2.7. Prestador de serviço público como consumidor de energia elétrica

Abrindo um pequeno parêntese no objetivo central do trabalho, é interessante citar a disposição do art. 17 e parágrafo único da Lei nº 9.427/96.[338] A norma jurídica em questão trata de um prestador de serviço público essencial (ou não-essencial) que, sendo também *consumidor de energia elétrica*, não pagou a tarifa referente à prestação desse serviço.[339]

Como visto anteriormente, parte da doutrina entende que a suspensão da prestação de serviço público pela falta de pagamento do consumidor é absolutamente correta, não se podendo invocar o princípio da *continuidade*.[340]

---

[337] Assim como a agência reguladora de energia elétrica, a ANATEL também prevê vedação ao exercício de cargo específico na agência (membros do Conselho Diretor) em virtude de vínculo ou interesse direto ou indireto em empresa relacionada com telecomunicações (art. 28 e parágrafo único da Lei nº 9.472/97).

[338] Dispõe o art. 17, *caput*, da Lei nº 9.427/96: "A suspensão, por falta de pagamento, do fornecimento de energia elétrica a consumidor que preste serviço público ou essencial à população e cuja atividade sofra prejuízo será comunicada com antecedência de quinze dias ao Poder Público local ou ao Poder Executivo Estadual"; dispõe o parágrafo único: "O Poder Público que receber a comunicação adotará as providências administrativas para preservar a população dos efeitos da suspensão do fornecimento de energia, sem prejuízo das ações de responsabilização pela falta de pagamento que motivou a medida".

[339] É importante relembrar que a essencialidade de uma atividade é reconhecida através da lei. No Brasil, as atividades essenciais, i. é, aquelas cuja prestação não pode ser totalmente interrompida em caso de greve, estão elencadas no art. 10 da Lei nº 7.783/ 89.

[340] Cf., *supra*, item nº 1.4.3.

A realidade traduzida na norma jurídica é interessante, porque pode colocar, frente a frente, duas empresas concessionárias de serviços públicos – e, portanto, duas pessoas jurídicas – celebrando uma relação de consumo.[341]

3.2.8. O Banco Central do Brasil é uma agência reguladora?

O Banco Central do Brasil (BCB) desempenha, de longa data, o controle sobre a estabilidade monetária, além de fiscalizar as atividades dos bancos (públicos ou privados) no território nacional.[342] Com base nestas afirmações iniciais, pode-se justificar a natureza do BCB como agência reguladora, em virtude dessas *políticas permanentes de Estado* as quais o mesmo executa.[343]

Entretanto, a questão não é tão simples quanto parece. Neste sentido, Conrado Hübner Mendes defende a tese de que o Banco Central do Brasil, apesar da permanente regulação que desempenha sobre as operações financeiras, é tão-somente um *executor de normas preestabelecidas*.[344] Em outros termos, significa dizer que o BCB não possui uma característica essencial às agências reguladoras, qual seja, o *poder normativo* (poder de produzir normas gerais e abstratas).[345]

---

[341] Até o presente momento, delimitou-se o consumidor de serviço público ao cidadão, à pessoa física. Este dispositivo legal, ao contrário, traz a situação envolvendo o consumidor enquanto pessoa jurídica. De fato, a pessoa jurídica pode ser consumidor de produto ou serviço, conforme dispõe o art. 2º do CDC. Um exemplo da situação prevista no art. 17 da Lei 9.427/96 é a suspensão do fornecimento de energia elétrica a uma empresa concessionária de transporte coletivo.

[342] É importante ressaltar que a relação jurídica envolvendo os bancos e seus clientes é expressamente designada como *relação de consumo* (art. 3º, § 2º, do CDC). Quando os bancos forem privados, trata-se de um *serviço privado*. Entretanto, quando os bancos forem públicos (Caixa Econômica Federal, Banrisul, etc.), trata-se de *atividade econômica em sentido estrito* (art. 173 da CF), e não de serviço público (art. 175 da CF). Assim, ao tratar de *serviço* no art. 3º, § 2º CDC, o legislador considerou, além dos serviços públicos e privados, também as atividades econômicas em sentido estrito, desde que ocorram, nessas, o requisito formal exigido pelo próprio CDC, qual seja, o da contraprestação por parte do consumidor.

[343] PEREIRA, 1998(c), p. 227.

[344] MENDES, 2000, p. 129.

[345] *Idem*, p. 130.

Além da falta de poder normativo, Mendes ainda destaca a falta de independência do BCB em relação ao governo federal. Afirma, pois, que

"... o Banco Central, em praticamente toda sua esfera de ação, é claramente subordinado às decisões do Conselho Monetário Nacional, o que acaba suprimindo qualquer desejo de considerar esta autarquia como uma autoridade independente do corpo político central. Na verdade, o Banco Central não parece ser nada mais do que uma ramificação especializada do Ministério da Fazenda, mas que está inteiramente condicionada por políticas econômicas decididas pelo Conselho Monetário Nacional".[346]

Na esteira destas considerações, conclui-se que o Banco Central não pode ser entendido como uma agência reguladora, sob pena de ver-se comprometida a validade das *características fundamentais*, presentes, em maior ou menor medida, nas agências já existentes como a ANATEL e a ANEEL.[347]

3.2.9. O papel da AGERGS no Rio Grande do Sul e a criação do Código Estadual de Qualidade dos serviços públicos

Ao contrário das agências reguladoras federais, que são direcionadas para um setor específico de serviços, as agências *estaduais*[348] são, por via de regra, genéricas ou *multisetoriais*, assumindo a tarefa de controlar a prestação das mais variadas atividades (econômicas e não-econômicas).[349] Quanto à prestação de serviços pú-

---
[346] *Idem*, p. 127.
[347] Tratam-se, segundo o autor (MENDES, 2000, p. 124-133), das seguintes características: *a) Independência; b) Poder Normativo; c) Poder de Dirimir Conflitos; d) Legitimidade Democrática*.
[348] Além da AGERGS, existem 14 agências reguladoras estaduais e, ainda, duas agências municipais. Sobre as leis que instituíram e disciplinam a organização e funcionamento dessas agências. v. KRAUSE, 2001, p. 280-406.
[349] Segundo Eduardo Battaglia Krause, as agências reguladoras podem ser divididas em *setoriais* e *multisetoriais*: "As primeiras são mais adequadas ao âmbito da União, uma vez que se desincumbem de atividades de volume expressivo dado as dimensões geográficas do país (...) Já no âmbito dos

blicos, cabe destacar a criação e as atribuições da AGERGS (Agência Estadual de Regulação dos Serviços Públicos Delegados do Rio Grande do Sul), inserida no âmbito da Lei estadual nº 11.075, de 6 de janeiro de 1998, sendo esta a responsável pela instituição do chamado *Código Estadual de Qualidade dos Serviços Públicos* (o qual se achou por bem denominar COESQ).[350]

O COESQ se destina a disciplinar as formas de controle da *qualidade* dos chamados *serviços de natureza pública* (art. 1º), em especial, nos setores de: a) energia elétrica; b) águas e esgotos; c) telecomunicações; d) saúde pública; d) educação básica; e) segurança pública; f) proteção ao meio ambiente; f) transporte; g) justiça e; d) assistência social básica (art. 2º).

Por certo, o conteúdo desta lei ultrapassa em muito os objetivos deste trabalho. Em primeiro lugar, porque o conceito jurídico de serviço público consiste em atividades econômicas, e a maioria das atividades abrangidas

---

estados, salvo exceções (...), a grande maioria é multisetorial, atuando na área de energia elétrica por delegação (convênio ANEEL/agências estaduais), transporte intermunicipal de passageiros, concessões de rodovias, seneamento, aeroportos, gás canalizado, inspeção de segurança veicular, portos (também por delegação) e até mesmo telefonia, esta de forma supletiva, pois a lei de criação da ANATEL não prevê delegação direta a outros entes federados" (Cf. KRAUSE, 2001, p. 27).

[350] A Lei nº 11.075/98 não instituiu a AGERGS, mas apenas o COESQ. De fato, a agência reguladora estadual foi criada pela Lei nº 10.931, de 9 de janeiro de 1997, e teve sua estrutura definida pela Lei nº 10.942, de 26 de março de 1997. Posteriormente, ambas as leis foram atualizadas pela Lei nº 11.292, de 23 de dezembro de 1998. Estas e outras informações sobre a AGERGS podem ser encontradas no Site da agência: www.agergs-rs.gov.br. Também sobre a criação da AGERGS é importante citar a observação de Carlos Ari Sundfeld: "Após as eleições estaduais, o novo Chefe do Executivo, contrário à política de privatização em curso, foi ao Supremo Tribunal Federal apontando vícios de inconstitucionalidade naquela lei [Lei nº 11.292/98] inclusive por usurpação de competências constitucionais do Executivo. A medida cautelar foi concedida no tocante ao poder de exoneração dos dirigentes da Agência, reconhecendo-se ser indevida a exigência de sua aprovação do Legislativo. Em paralelo, foi considerada constitucional a aprovação parlamentar como condição de nomeação, mas o Supremo Tribunal negou que o Executivo pudesse exonerar sem justo motivo" (Cf. SUNDFELD, 2000, p. 21). Trata-se da Ação de Inconstitucionalidade nº 1949-0. Na obra de Eduardo Battaglia Krause pode-se encontrar o texto do memorial apresentado pela diretoria jurídica da AGERGS, questionando a ADIN nº 1949-0 (Cf. KRAUSE, 2000, p. 45-54).

nesta lei são, segundo a opinião assumida aqui, *funções irrenunciáveis do Estado*, e não *serviços* (públicos). Em segundo lugar, porque além da AGEGRS, o COESQ prevê ainda, como órgão regulador das *funções irrenunciáveis do Estado*, a Secretaria de Coordenação e Planejamento. Assim, o âmbito de análise ficará restrito apenas ao controle, pela AGERGS, dos *serviços* (e não *funções*) de natureza pública.

Assim, o art. 3º prevê as duas formas pelas quais será realizado o controle da prestação dos serviços públicos: *a) por indicadores de desempenho; b) por consultas científicas aos usuários*. Os indicadores de desempenho representam um meio de efetivar o princípio constitucional da *eficiência administrativa* (art. 37, *caput*, da CF) na prestação de serviços e funções públicas. Traduzem, assim, a tendência atual da *reforma administrativa* de cunho *gerencial*, na qual o Estado descentraliza ou delega a prestação das atividades econômicas (e mesmo as não-econômicas) e torna-se *gestor*, controlador das mesmas.[351]

O Código Estadual prevê a possibilidade de os consumidores interferirem na elaboração dos indicadores de desempenho, através dos §§ 1º e 2º do art. 4º.[352] Têm-se assim as chamadas *consultas científicas aos usuá-*

---

[351] Uma das marcas mais sentidas desta nova mentalidade administrativa é a criação do já citado *contrato de gestão*, no qual deverão estar dispostos as metas, os *indicadores de desempenho* a serem perseguidos e alcançados tanto pelas agências executivas, quanto pelas organizações sociais (as quais, como se viu, ficam responsáveis pelo desempenho de certas *funções irrenunciáveis do Estado*). Voltando ao COESQ, cabe observar que ao longo de quase todo o seu texto estão definidos os indicadores de desempenho das atividades arroladas no art. 2º. Sobre os *serviços* (e não funções) de natureza pública, o Código está disposto da seguinte forma: arts. 10 e 11 (serviços de energia elétrica); arts. 12 e 13 (serviços de abastecimento e fornecimento de água); arts. 14 e 15 (serviços de telecomunicações) e arts. 31 e 32 (serviços de transporte coletivo). As atividades que não foram citadas (saúde pública, educação básica, segurança pública, proteção ao meio ambiente, justiça e assistência social básica) são *funções irrenunciáveis do Estado* e não *serviços públicos*.

[352] Dispõe o § 1º do art. 4º do Código Estadual: "As metas dos indicadores serão elaboradas pela AGERGS e pela Secretaria da Coordenação e Planejamento para períodos de quatro anos, com revisões anuais obrigatórias"; dispõe o § 2º: "Fará parte da aferição de que trata o *caput* do artigo 3º consulta anual com os usuários dos serviços públicos".

rios, as quais se processarão segundo o sistema de *Cadastro de Usuários Voluntários (CUV)*. Por este sistema, todo cidadão maior de idade e residente no Rio Grande do Sul receberá informações periódicas sobre o controle dos indicadores de desempenho feito pela AGERGS (art. 5º, *caput*).[353] Destaque-se o fato de que estes cidadãos (consumidores) poderão *votar* nos índices e metas estabelecidos pela agência estadual, e ainda poderão *propor* a formulação de novos indicadores e metas (art. 5º, § 1º).[354]

Quanto ao trabalho dos *prestadores*, os arts. 7º e 8º dispõem sobre as *premiações* concedidas àqueles que atingirem os melhores índices, segundo as metas previstas nos indicadores de desempenho.[355] Não obstante, o art. 9º dispõe sobre a aplicação de *sanções* àqueles que infringirem as normas previstas neste Código.[356]

A atuação da AGERGS no controle da qualidade dos serviços públicos prestados no Rio Grande do Sul ganha, assim, reforço inconteste com a criação do COESQ e a implementação do CUV. Os consumidores poderão, diretamente, por carta ou mesmo através da

---

[353] Dispõe o art. 5º, *caput*, do Código Estadual: "É obrigatório facultar a todo cidadão residente no Rio Grande do Sul, maior de idade, fazer parte do Cadastro de Usuários Voluntários interessados em participar dos assuntos de serviços públicos de que trata esta Lei. Esses voluntários receberão periodicamente informações dos andamentos dos trabalhos pertinentes a esta Lei. Em contrapartida, prestarão informações periódicas sobre a qualidade dos serviços de que forem usuários".

[354] Dispõe o § 1º do art. 5º do Código Estadual: "Os usuários voluntários referidos no *caput* deste artigo votarão nos índices e metas estabelecidos neste código, bem como poderão propor para apreciação da AGERGS e da Secretaria da Coordenação e Planejamento a formulação de novos indicadores e metas".

[355] Dispõe o art. 7º do Código Estadual: "A Assembléia Legislativa distinguirá anualmente com premiação honorífica as equipes de profissionais e os prestadores de serviços que se destacarem por atingir os dez melhores padrões de desempenho do Rio Grande do Sul"; dispõe o art. 8º: "O Poder Executivo premiará com cursos de aperfeiçoamento técnico no exterior os profissionais (escolhidos com base nos relatórios da AGERGS e da Secretaria da Coordenação e Planejamento) com desempenhos superiores à média dos cinco países com os melhores padrões internacionais".

[356] Dispõe o art. 9º do Código Estadual: "Às infrações das normas deste código, não penalizadas especificamente pela Lei Federal nº 8.078, de 11 setembro de 1990, serão aplicadas multas estabelecidas em lei específica".

Defesa do Consumidor e Regulação

Internet, atuar diretamente no controle da qualidade dos serviços prestados, interferindo nas decisões da agência reguladora estadual.[357]

De fato, e parafraseando Miguel Reale, entende-se que as facilidades e a rapidez no processamento das informações contribuem para que *o mundo da informática esteja cada vez mais relacionado ao mundo de uma democracia participativa*.[358] O Rio Grande do Sul avança no sentido de incentivar a atuação dos consumidores na defesa de seus direitos, fazendo com que os mesmos exerçam plenamente uma parcela significativa da cidadania.

3.2.10. A relação entre a AGERGS e as agências reguladoras federais

A AGERGS, como agência reguladora estadual, atua de forma generalizada e, por esta razão, acaba exercendo também o controle sobre serviços públicos cuja regulação possui competência federal nas agências como a ANATEL e a ANEEL. Desta feita, o controle sobre a prestação dos serviços de telecomunicações e de energia elétrica cabe a agências reguladoras de distintas esferas federativas, podendo ocorrer interesses conflitantes entre essas.

---

[357] No serviços de energia elétrica a AGERGS enfrenta problema semelhante ao da ANEEL (Cf., *supra*, item 3.2.6 – nota nº 332). Ocorre que no âmbito da agência estadual "... além da participação de técnicos que pertenciam às empresas de energia elétrica, muitos funcionários foram nomeados politicamente, sem o adequado conhecimento dos serviços que devem ser fiscalizados e regulados" (Cf. LOTERO. Roberto C. *Op. cit.*, p. 216). O autor destaca os conflitos entre as empresas concessionárias e as *cooperativas de eletrificação rural:* "Estas últimas possuem um enorme poder político no Rio Grande do Sul e agem dessa forma na AGERGS e na Assembléia Legislativa do estado através do *lobby* formado pela bancada ruralista. Por outro lado, as empresas concessionárias privadas dispõem de mais informação e de poder econômico e, conseqüentemente, conseguem impor suas idéias na justiça" (*Idem, ibidem*). Não obstante os problemas de ordem política, a existência da AGERGS e do COESQ como espaço institucionalizado de participação dos consumidores é inconteste. Os problemas aqui apresentados podem e devem ser solucionados para que haja um quadro isonômico no tratamento dos interesses conflitantes entre consumidores e empresas privadas.
[358] REALE, 1996, p. 19.

Por certo, tais conflitos de interesse não teriam fácil solução, se não fosse por um detalhe: sendo esses serviços de competência da União (art. 21, XI e XII, *b*, da CF), a atuação da AGERGS deverá ser *subsidiária* à atuação das agências federais. Ou seja, a agência estadual deverá complementar (auxiliar) os trabalhos das agências federais e não poderá tomar decisão alguma que contrarie as decisões dessas.

Nos serviços de telecomunicações, p. ex., o art. 19, parágrafo único, do Decreto nº 2.338/97 (Regulamento da ANATEL) deixa claro que a agência federal terá prioridade no controle da prestação dos serviços de telecomunicações, sendo que outras entidades ou órgãos atuarão de forma *supletiva*. Cabe à ANATEL, inclusive, a aplicação das *sanções administrativas* previstas no CDC.[359] Nos serviços de energia elétrica, a *descentralização do controle sobre a prestação dos serviços* será feita por *convênio de cooperação* entre a União e os Estados-Membros (art. 20 da Lei nº 9.427/96),[360] sendo que a ANEEL deverá acompanhar e avaliar permanentemente a atuação dos órgãos ou entidades estaduais (arts. 20, § 3º e 21, *caput* e parágrafo único).[361]

Em suma, no controle sobre a prestação de serviços públicos, cuja regulação já seja objeto de agência federal,

---

[359] Dispõe o parágrafo único do art. 19 do Decreto nº 2.338/97: "A competência da Agência prevalecerá sobre a de outras entidades ou órgãos destinados à defesa dos interesses e direitos do consumidor, que atuarão de modo supletivo, cabendo-lhe com exclusividade a aplicação das sanções do art. 56, incisos VI, VII, IX e XI da Lei nº 8.078, de 11 de setembro de 1990".
[360] Dispõe o art. 20 da Lei nº 9.427/96: "Sem prejuízo do disposto na alínea b do inciso XII do art. 21 e no inciso XI do art. 23 da Constituição Federal, a execução das atividades complementares de regulação, controle e fiscalização dos serviços e instalações de energia elétrica poderá ser descentralizada pela União para os Estados e o Distrito Federal, mediante convênio de cooperação".
[361] Dispõe o § 3º do art. 20 da Lei nº 9.427/96: "A execução, pelos Estados e Distrito Federal, das atividades delegadas será permanentemente acompanhada e avaliada pela ANEEL, nos termos do respectivo convênio". Dispõe o art. 21, *caput*, da Lei nº 9.427/96: "Na execução das atividades complementares de regulação, controle e fiscalização dos serviços e instalações de energia elétrica, a unidade federativa observará as pertinentes normas legais e regulamentares federais"; dispõe o § 1º do art. 21: "As normas de regulação complementar baixadas pela unidade federativa deverão se harmonizar com as normas expedidas pela ANEEL".

a atuação da AGERGS, e do próprio COESQ, encontra limites no poder decisório daquela. Não obstante a importância dos institutos gaúchos, fica clara a relação de *subsidiariedade* da agência estadual em relação às agências federais.[362]

3.3. A nova Lei de Participação e Defesa dos Usuários

No intuito de fortalecer o já existente *regime jurídico dos usuários (consumidores) de serviços públicos* no Brasil (CDC, Lei 8.987/95 e demais leis regulamentadoras da prestação de serviços públicos), a Emenda Constitucional nº 19, de 4 de junho de 1998, em seu art. 27, determinou que o Congresso elaborasse *Lei de Participação e Defesa dos Usuários*.[363] O texto constitucional, por sua vez, refletiu a exigência da Emenda no § 3º do art. 37,[364] mas a mencionada LPDU ainda não existe.[365]

---

[362] Quanto aos serviços de energia elétrica, destaca-se a criação da Portaria nº 466, de 12 de novembro de 1997, expedida pelo antigo Departamento Nacional de Águas e Energia Elétrica (DNAEE). Patrocinada pela ANEEL, a Portaria tem o objetivo de regulamentar as condições *gerais* de fornecimento de energia elétrica em todo o país. Mais do que isso, a Portaria constitui-se em importante instrumento jurídico de proteção dos consumidores de serviços públicos contra o poder das empresas concessionárias. Quanto à atuação da AGERGS no setor, está baseada no *convênio de cooperação* firmado com a ANEEL. Ou seja, a AGERGS poderá controlar o setor de energia elétrica no Rio Grande do Sul, mas suas decisões não poderão contrariar as disposições da ANEEL. Estas e outras informações estão no site da AGERGS: www.agergs-rs.gov.br.

[363] Dispõe o art. 27 de EC nº 19/98: "O Congresso Nacional, dentro de cento e vinte dias da promulgação desta Emenda, elaborará lei de defesa do usuário de serviços públicos".

[364] Dispõe o § 3º do art. 37 da CF: "A lei disciplinará as formas de participação do usuário na administração pública direta ou indireta, regulando especificamente: I - as reclamações relativas à prestação dos serviços públicos em geral, asseguradas a manutenção de serviços de atendimento ao usuário e a avaliação periódica, externa e interna, da qualidade dos serviços; II - o acesso dos usuários a registros administrativos e a informações sobre atos de governo, observando o disposto no art. 5º, X e XXXIII; III - a disciplina da representação contra o exercício negligente ou abusivo de cargo, emprego ou função na administração pública".

[365] GROTTI, 2000, p. 59. A importância da LPDU pode ser sintetizada na observação de Juarez Freitas: "Sem dúvida, de outra parte, convém ampliar a possibilidade de uma participação intensa do usuário na prática fiscalizatória (...) Ora, o conceito de serviço adequado, ainda que genérico e indeter-

Não obstante, já existem dois projetos de lei, cujos textos apresentam poucas divergências entre si. Ante sua juridicidade inconteste,[366] estes textos normativos devem ser analisados. Entretanto, tal análise deve ser cuidadosa e crítica, visto que do seu conteúdo poderá surgir a nova LPDU.[367]

3.3.1. Abrangência da LPDU e o conceito de serviços públicos

O art 1º de ambos os projetos apresenta logo a primeira divergência, a qual diz respeito ao âmbito de validade da sobredita lei. Assim, para o Anteprojeto de Lei a LPDU alcançará apenas a Administração Pública Federal, ao passo que para o Projeto Celso Russomano a Lei dos Usuários deverá alcançar, também, a Administração Pública dos Estados-Membros e municípios.[368] Se

---

minado, é justamente aquele constante no art. 6º, § 1º, da Lei nº 8.987/95, mas requer, para a sua determinação, o papel do consumidor, não apenas atuando de maneira coadjuvante, mas tendo acesso a todos os dados concernentes à execução do serviço (...) Falta, todavia, a não menos urgente disciplina do referido acesso e a criação dos instrumentos objetivos de participação do processo fiscalizatório (regulamentação também exigida pela Emenda nº 19/98)" (FREITAS, 1998, p. 158).

[366] A *juridicidade* destes projetos reforça a intenção de analisá-los da forma como estão hoje redigidos. Pois, como bem observou o jusfilósofo italiano Georgio Del Vecchio "... nem todo o Direito é necessariamente positivo. Uma proposição jurídica é-o logicamente antes de se tornar positiva, e também depois de ter cessado a sua positividade. Um projeto de lei, por exemplo, ainda não é direito positivo; contudo possui já a forma do Direito, a forma da juridicidade" (DEL VECCHIO, 1979, p. 403).

[367] As últimas informações obtidas sobre a tramitação dos projetos são as de que os mesmos ainda não se encontram em discussão para votação, nem na Câmara dos Deputados, nem no Senado Federal. Ao que parece, um dos textos está na Casa Civil da Presidência da República e o outro, na Comissão de Defesa do Consumidor, Meio Ambiente e Minorias, da Câmara dos Deputados. Um dos projetos – que, na verdade, é um Anteprojeto de Lei – foi elaborado por iniciativa do Governo Federal, e o segundo projeto, pelo Deputado Federal Celso Russomano (PPB - SP). O acesso aos textos dos projetos de lei – é bom que se registre – não teria sido possível sem a colaboração do então deputado federal Fernando Marroni (PT - RS) – atualmente, prefeito da cidade de Pelotas – o qual, uma vez solicitado sobre a existência dos projetos e sobre a possibilidade de obtê-los para a realização desta pesquisa, prontamente se dispôs a enviá-los a este pesquisador.

[368] Dispõe o art. 1º do Anteprojeto de Lei: "Esta lei estabelece normas gerais sobre o regime de participação e defesa do usuário dos serviços públicos prestados pela administração direta e indireta de qualquer dos Poderes da

a LPDU pretende dispor apenas sobre a proteção e participação de usuários dos serviços públicos elencados no art. 21 da CF (serviços de competência da União), então deverá prevalecer a redação do Anteprojeto de Lei. Ao contrário, se esta lei pretende dispôr sobre o regime jurídico *geral* dos usuários (abrangendo também os serviços públicos elencados nos arts. 25, §§ 1º e 2º, e 30, V da CF) então deverá prevalecer a intenção do Projeto Celso Russomano.

Ocorre que o próprio conceito de serviço público é tratado – neste caso, em ambos os textos – de forma abrangente, desconsiderando-se a noção de *função irrenunciável do Estado* em prol da antiga noção de "serviços públicos *não-econômicos* ou serviços públicos puramente administrativos (*uti universi*)".[369] O art. 1º de ambos os textos mostra claramente a intenção de criar uma LPDU, que disponha sobre a proteção e participação de consumidores (de serviços públicos) e de usuários ou contribuintes (das funções irrenunciáveis).[370] Segundo a linha

---

União, no exercício da função administrativa, diretamente ou sob o regime de concessão, permissão ou autorização". Dispõe o art. 1º do Projeto Celso Russomano: "Esta lei estabelece normas gerais sobre o regime de participação e defesa do usuário dos serviços públicos prestados pela administração direta e indireta de qualquer dos Poderes da União, dos Estados, do Distrito Federal e dos Municípios, no exercício da função administrativa, diretamente ou sob o regime de concessão, permissão ou autorização". Em ambos os textos há o equívoco – cometido aliás, pelo próprio legislador constituinte – de considerar a *autorização* como forma de delegação da prestação de serviços públicos. Conforme foi demonstrado anteriormente (item 1.3.5) a autorização não pode ser forma de delegação da prestação de serviço público porque o beneficiário da autorização é, também, o único usuário da atividade autorizada pela Administração Pública.

[369] Da mesma forma que o Código Estadual de Qualidade dos Serviços Públicos confunde as funções (não-econômicas) com serviços (econômicos), o Anteprojeto e Projeto de Lei abrangem o conceito de serviço público, conformando-se com a tradicional classificação doutrinária entre serviços públicos econômicos e puramente administrativos, o que, para a posição adotada neste trabalho, é um equívoco.

[370] Seguindo o conceito jurídico de serviço público adotado até o presente momento, tais serviços (atividades econômicas) não são prestados pela Administração Pública direta, mas apenas pela indireta ou pela iniciativa privada, mediante concessão ou permissão. O que a Administração Pública direta tende a prestar são as *funções irrenunciáveis*, embora estas possam ser prestadas também pela Administração Pública *indireta* (Cf. item 1.4.2.). Desta feita, quando o art. 1º estabelece que a LPDU irá dispor sobre o regime dos usuários

de raciocínio adotada pelo trabalho, a lei em questão não se refere apenas aos usuários (consumidores) de serviços públicos, mas também aos *usuários* (contribuintes ou não) das *funções irrenunciáveis do Estado.*

3.3.2. O serviço público adequado e os momentos onde se inscreve a participação dos usuários

O conceito de serviço público adequado é aquele extraído do já citado § 1º do art. 6º da Lei das Concessões e Permissões. Em ambos os textos dos projetos de lei sobre a LPDU estão expostos: *a) os princípios relativos à adequada prestação* (art. 3º); *b) a participação dos usuários no planejamento, fiscalização da execução e avaliação dos serviços como fundamento de uma adequada prestação* (art. 4º e parágrafo único).[371]

Neste sentido, a futura LPDU vem complementar o conceito de serviço público adequado, exigindo a participação efetiva dos consumidores como meio de garantir ainda mais a adequação na prestação desses serviços.

"... dos serviços públicos prestados pela administração direta e indireta (...) diretamente, ou por concessão, permissão ou autorização", está adotando um conceito amplo de usuário, onde os consumidores de serviços públicos estão inseridos como espécie. Trata-se, portanto, de lei sobre a participação e defesa dos usuários de *atividades públicas* (*serviços públicos* e *funções irrenunciáveis*).

[371] Dispõe o art. 3º: "Os serviços públicos serão prestados de forma adequada ao pleno atendimento do usuário, obedecendo aos princípios da generalidade, cortesia, transparência, regularidade, continuidade, segurança, atualidade e, quando cabível, modicidade das tarifas". Dispõe o art. 4º, *caput:* "Para a adequada prestação dos serviços públicos é indispensável a participação do usuário no planejamento, execução e fiscalização dos serviços, cabendo às pessoas de direito público e as de direito privado assegurar os meios necessários ao seu exercício". Dispõe o parágrafo único do art. 4º: "Consideram-se meios necessários ao exercício da participação: I - livre acesso às informações referentes ao planejamento, execução, fiscalização, avaliação, custo, segurança, duração, eficácia, normas legais, regulamentares e, quando cabíveis, contratuais que regulam a execução do serviço; II - acesso direto e facilitado do usuário: a) ao órgão ou responsável pela execução do serviço; b) ao órgão ou entidade a que o executor do serviço estiver vinculado ou subordinado; c) ao Serviço de Atendimento do Usuário, à Comissão de Avaliação e ao Conselho Nacional de Serviço Público, nos termos desta lei; III - registro gratuito, sem requisitos formais e mediante entrega de recibo, de sujestões e críticas sobre o serviço prestado e a forma de sua execução".

3.3.3. Os direitos e deveres dos usuários e outras disposições

Os usuários não poderiam participar dos processos envolvendo a prestação de serviços públicos se a lei silenciasse acerca de seus direitos e deveres perante os prestadores (públicos ou privados). Assim, os arts. 6º e 9º, de ambos os textos dos projetos, dispõem sobre os direitos e deveres, respectivamente. Quanto ao rol de direitos e deveres, não há muitas alterações em face das legislações anteriores (Lei nº 8.987/95, Lei nº 9.427/96, Lei nº 9.472/97, etc.).[372]

No art. 7º, por sua vez, encontra-se importante disposição, referente à *relação de subsidiariedade* da lei em questão com o Código de Defesa do Consumidor. Ou seja, o CDC será aplicado a esta lei naquilo que não contrariar o conteúdo da mesma.[373] O art. 8º, por sua vez, reproduz a regra da responsabilidade civil objetiva da Administração Pública, tanto pela má prestação de *serviços* (atividades econômicas), quanto pela má prestação de *funções* (atividades não-econômicas) públicas.[374]

---

[372] Quanto à redação do art. 6º, *caput* há, também, uma pequena divergência entre os dois textos. Enquanto o Anteprojeto de Lei dispõe que "São direitos do usuário:", o Projeto Celso Russomano acrescenta ainda o seguinte: "...sem prejuízo de outros decorrentes de tratado, convenções, leis, atos e contratos". A redação do segundo texto parece mais acertada, visto que está em harmonia com o disposto no art 7º, *caput* do CDC: "Os direitos previstos neste Código não excluem outros decorrentes de tratados ou convenções internacionais (...) da legislação interna ordinária, de regulamentos expedidos pelas autoridades administrativas competentes, bem como dos que derivem dos princípios gerais do direito, analogia, costumes e eqüidade".

[373] Dispõe o art. 7º : "Aplica-se subsidiariamente a esta lei o contido na Lei nº 8.078 de 11 de setembro de 1990, em especial os dispositivos que tratam: I - dos direitos básicos do consumidor; II - da proteção ao consumidor e reparação dos danos; III - da responsabilidade do fornecedor de serviços; IV - das práticas comerciais e cláusulas contratuais abusivas".

[374] Dispõe o art. 8º: "Os prestadores de serviços públicos responderão pelos danos que seus agentes, nesta qualidade, causarem ao usuário, a terceiros e, quando for o caso, ao Poder Público, assegurado o direito de regresso contra o responsável nos casos de dolo ou culpa". A expressão 'serviços públicos', nunca é demais repetir, está sendo empregada de forma ampla, conforme o entendimento tradicional sobre o conceito de serviços públicos. Assim, a responsabilidade civil objetiva diz respeito tanto aos serviços, quanto às funções públicas. A redação do texto deveria ser modificada para: "Os prestadores de serviços *e funções públicas* responderão pelos danos...".

Por fim, o art. 10 trata dos entes legitimados para exercer a participação no controle da prestação dos serviços (e funções) públicos.[375]

3.3.4. Os meios institucionais de participação dos usuários na LPDU

Da mesma forma que os consumidores dos serviços públicos de energia elétrica e telecomunicações podem participar, diretamente ou indiretamente, da estrutura das agências reguladoras, ambos os textos dos projetos da LPDU dispõem sobre a criação de mecanismos institucionais de participação dos usuários (consumidores de serviços públicos e usuários das funções irrenunciáveis).

O primeiro destes mecanismos é o *Conselho Nacional de Serviço Público (CNSP)*, o qual, de acordo com o exposto no art. 11, pretende ser um *conselho consultivo geral*, com estrutura bem semelhante à do conselho consultivo da ANATEL.[376] O art. 15 dispõe sobre as

---

[375] Aqui, a análise comparativa entre os dois textos aponta mais uma pequena divergência. Enquanto o Anteprojeto menciona que, além do usuário individualmente considerado, está também legitimada "... a entidade legalmente constituída há mais de *dois anos*, e que inclua entre seus objetivos institucionais a defesa dos interesses e direitos estabelecidos nesta lei" (grifamos); o Projeto Celso Russomano considera que essa mesma entidade associativa deve estar constituída há pelo menos *um ano*. Esta última redação parece ser, novamente, a mais acertada, visto que está em harmonia com o art. 82, IV, do CDC (legitimados para a defesa coletiva em juízo dos consumidores) que considera as associações civis como legitimadas, desde que estejam constituídas há pelo menos *um ano*. Sobre a defesa coletiva dos consumidores, poderá soar estranho o silêncio do art. 10 acerca da legitimação do Ministério Público. Entretanto, sua participação está implícita no já citado art. 7º, II, de ambos os textos (relação de subsidiariedade entre a LPDU e o CDC quanto à *proteção ao consumidor e reparação de danos*).

[376] Dispõe o art. 11: "Fica criado, no âmbito da União, o Conselho Nacional de Serviço Público, órgão consultivo do Poder Executivo, com a finalidade de formular e fiscalizar as políticas gerais e setoriais de prestação dos serviços públicos". A diferença deste Conselho Nacional para o Conselho da ANATEL está na composição dos membros. Enquanto este prevê a participação da Administração Pública, concessionárias, usuários e sociedade (representação técnica) na mesma proporção (25% para cada representação), o Conselho a ser criado pela LPDU (art. 11, § 1º) dispõe que AP e concessionárias terão 25%, ao passo que os usuários terão 50% (sendo os usuários representados pelas associações civis constituídas há um (ou dois) anos pelo menos.

Defesa do Consumidor e Regulação

Comissões de Avaliação, as quais distinguem-se do *Conselho* pela periodicidade: as *Comissões* serão constituídas somente no período da avaliação da qualidade dos serviços.[377] Por fim, o art. 16 dispõe sobre as *Ouvidorias de Defesa do Usuário*, as quais deverão estar subordinadas ao CNSP, responsável pela indicação do ouvidor que será nomeado pelo Presidente da República, após aprovação do Senado Federal, tendo aquele, mandato de dois anos (art. 17).[378]

Segundo estes projetos, a LPDU deverá dispor ainda sobre os *Serviços de Atendimento ao Usuário*, os quais funcionarão no âmbito dos prestadores (públicos ou privados, cabendo ao Estado e aos consumidores e usuários "... o dever de fiscalizar a adequação e eficiência do atendimento" (art. 12).[379] Destaque-se o fato de que os *serviços de atendimento* estarão vinculados às *comissões de avaliação*, na medida em que os prestadores deverão encaminhar a essas, relatórios anuais sobre suas atividades (art. 14)[380]

---

[377] Dispõe o art. 15: "A qualidade dos serviços e a observância dos direitos e princípios estabelecidos nesta lei serão periodicamente avaliados, externa e internamente, pelo prestador do serviço e por uma Comissão de Avaliação especialmente constituída para este fim...". Prosseguindo, o inciso I do art 15 dispõe sobre a composição das Comissões (50% para os prestadores – públicos ou privados – e 50% para as associações representativas dos usuários); o inciso II do art. 15 define o *mandato de dois anos* para os membros da Comissões; o inciso III, define que os membros das Comissões terão remuneração; o § 1º, por fim, define que avaliação terá periodicidade anual "...devendo ser publicada e amplamente divulgada pelo prestador de serviço...".

[378] Dispõe o art. 16: "Fica criada, no âmbito da União, a Ouvidoria de Defesa do Usuário de Serviço Público, órgão subordinado ao Conselho Nacional de Serviço Público"; dispõe o art. 17: "O Ouvidor será indicado pelo Conselho Nacional de Serviço Público e nomeado pelo Presidente da República, após argüição e aprovação pelo Senado Federal, com mandato de dois anos, permitida a recondução". O sistema de ouvidorias da LPDU associa-se ao sistema de ouvidorias da ANATEL e da ANEEL, bem como das ouvidorias existentes no âmbito das agências reguladoras estaduais (em especial, a AGERGS). As atribuições do ouvidor na LPDU (art. 18) também são semelhantes às atribuições relativas às legislações das agências reguladoras.

[379] Dispõe o art. 12: "Os prestadores de serviços públicos manterão Serviço de Atendimento ao Usuário, impondo-se ao Poder Público e à coletividade o dever de fiscalizar a adequação e eficiência do atendimento".

[380] Dispõe o art. 14: "Os Serviços de Atendimento ao Usuário encaminharão anualmente relatório circunstanciado de suas atividades às Comissões de Avaliação previstas no artigo 15 desta lei".

Existem outras normas jurídicas nos textos dos projetos sobre a LPDU que, no entanto, não possuem relação direta com o objetivo central do trabalho e, por isso, não serão objeto de análise.

3.3.5. A LPDU e a efetividade das legislações anteriores

A LPDU surge como sistema normativo tendente a disciplinar a participação dos consumidores de serviços públicos (e usuários da funções irrenunciáveis do Estado) no planejamento, execução e, principalmente, na fiscalização da qualidade desses serviços (e dessas funções) de titularidade estatal.

No entanto, os meios institucionais que ela pretende introduzir podem conflitar com os meios já existentes no campo da regulação dos serviços públicos privatizados. Em outros termos, os conselhos, comissões ou ouvidorias da LPDU são idéias que reproduzem, de certa forma, a experiência dos conselhos, comissões e ouvidorias no âmbito das agências reguladoras federais e estaduais. Neste sentido, há que se discutir até que ponto a aplicação de uma lei que pretende abranger *todos os serviços públicos,* não é prejudicial à aplicação de legislação sobre a prestação de *um serviço público específico.* Em que medida o *Conselho Nacional de Serviço Público* poderá prejudicar, p. ex., a atuação do Conselho Consultivo da ANATEL? Ou, em que medida a Ouvidoria prevista na LPDU poderá prejudicar a atuação das Ouvidorias da ANEEL e AGERGS ?

Estas dúvidas são pertinentes se for observado o art. 2º, § 1º, da Lei de Introdução ao Código Civil.[381] Tratando-se de leis *hierarquicamente iguais,* há que se considerar a possibilidade de conflito entre a lei posterior (LPDU) e as leis anteriores (leis regulamentadoras da ANATEL, ANEEL e AGERGS). Saindo, porém, do plano jurídico das *antinomias,* uma opinião pode ser

---

[381] Dispõe o art, 2º, § 1º da LICC: "A lei posterior revoga a anterior quando expressamente o declare, quando seja com ela incompatível ou quando regule inteiramente a matéria de que tratava a lei anterior".

formulada com base no critério do bom-senso. Assim, se existem meios institucionais de participação dos consumidores que dizem respeito ao controle da prestação de serviços públicos *específicos (energia elétrica, p. ex.)*, deve-se priorizar a atuação destes meios a outros, de caráter genérico.[382]

Outro aspecto importante: a Lei nº 9.427/96 (ANEEL), em seu art. 4º, § 3º, dispõe sobre a necessidade de uma *audiência pública* em caso de projeto de lei que vise a afetar os direitos dos agentes econômicos e consumidores do setor elétrico. Seria a elaboração da LPDU motivo para a aplicação do mencionado dispositivo legal? Estas e outras questões são propostas como desafio aos operadores e intérpretes do Direito, em face das modificações ocorridas na prestação e fiscalização dos serviços públicos no Brasil.

Assim, enquanto a sobredita lei não entra em vigor, cabe discutir a sua importância no auxílio à defesa dos interesses dos consumidores de serviços públicos. A análise deste trabalho não tem a pretensão de assumir um posicionamento definitivo sobre o assunto, mesmo porque os textos destes projetos poderão sofrer algumas, senão muitas, modificações.

Da forma como estão redigidos, no entanto, é de se louvar: a) o incentivo à prática associativa dos consumidores para a composição do *Conselho Nacional de Serviço Público* e para as *Comissões de Avaliação* (art. 10, III);[383] b) a menção expressa da relação entre a LPDU e o CDC (art. 7º); c) no Projeto Celso Russomano, a menção de que a LPDU abrange a Administração Pública da União, Estados e Municípios (art. 1º).

---

[382] *A priori*, pode-se afirmar, p. ex., que o Conselho Consultivo da ANATEL deve ser priorizado em relação ao Conselho Nacional de Serviço Público da futura LPDU. Havendo, no entanto, possibilidade de ambos coexistirem de forma a aumentar ainda mais a participação dos vulneráveis consumidores na defesa de seus direitos, não há por que descaracterizar o órgão administrativo da LPDU como reforço ao regime jurídico da tutela dos consumidores de serviços públicos.

[383] Há muito tempo já se discute a fraca consciência da sociedade brasileira quanto à prática associativa na defesa de seus direitos, sejam estes de ordem individual, coletiva ou difusa. Sobre o tema, v. COMPARATO, 1976, p. 103.

Resta, por fim, evidenciar a importância deste complexo sistema normativo de proteção aos direitos e estímulo à participação dos consumidores de serviços públicos na busca da concretização de um serviço público adequado (art. 6º, X, do CDC c/c art. 6º, § 1º, da Lei nº 8.987/95), e da preservação do direito à liberdade de escolha (art. 6º, II, do CDC). Estes objetivos, por sua vez, estão fundamentados no reconhecimento do princípios jurídicos da supremacia do interesse público, livre concorrência (art. 170, IV, da CF), defesa do consumidor (art. 170, V, da CF), vulnerabilidade dos consumidores (art. 4º, I, do CDC) e racionalização e melhoria dos serviços públicos (art. 4º, VII, do CDC).

Considerações finais

Ao final deste trabalho, reafirma-se o seu propósito central: *a participação* (institucionalizada) *dos consumidores brasileiros no controle da prestação de serviços públicos*. Para tanto, foi preciso analisar a prestação desses serviços no ordenamento jurídico brasileiro, matéria em que se adotou um posicionamento minoritário na doutrina jurídica pátria, propugnado por Fernando Herren Aguillar, no tocante ao conceito de serviço público. Em conseqüência, ainda de acordo com Aguillar, reafirmou-se a importância de um novo e necessário conceito, a saber, o de funções irrenunciáveis do Estado.

O posicionamento adotado no trabalho considerou o regime jurídico *administrativo* ou de *privilégio* como fator determinante para a definição do conceito jurídico de serviço público. Entendida como a lei maior do Estado, cujos preceitos normativos devem orientar o restante do ordenamento jurídico, a Constituição Federal foi considerada como o *locus* de interpretação e descoberta do sobredito conceito. Sendo assim, os adjetivos "público" ou "privado" devem ser adotados, tão-somente, em conseqüência do que dispuser o texto constitucional.

A adoção desse posicionamento, escorado na interpretação lógico-sistemática do art. 175 da Constituição Federal, revelou que todo serviço público é uma espécie de atividade econômica. Entretanto, a posição adotada só pode ser plenamente sustentada em virtude de duas constatações, uma relativa à caracterização dos serviços públicos e outra sobre a respectiva inserção nas relações de consumo.

A respeito da primeira constatação, pode-se dizer que se todo serviço (seja público ou privado) é sempre uma atividade econômica, as atividades prestadas pelo Estado em benefício do cidadão, mas que não impliquem uma relação jurídica de natureza econômica entre Estado e cidadãos, não podem ser serviços, e sim funções. Assim, as atividades que visem a efetivar os direitos fundamentais à saúde, à educação, à segurança pública, ao acesso à justiça, etc., se forem prestadas pelo Estado, são funções, e quando prestadas por particulares, serviços privados (pois, neste caso, incide a natureza econômica).

A segunda constatação refere-se à existência, no fato de se prestar um serviço público, de um vínculo obrigacional (em muitos casos, contratual) – regido por normas de direito privado – entre prestadores (públicos ou privados) e os usuários (consumidores). Esta relação jurídica recebe, atualmente, o nome de relação de consumo. Justificada está, portanto, a inserção da matéria atinente à prestação dos serviços públicos no Código de Defesa do Consumidor, bem como a intenção de abordar a mesma no interior deste sistema normativo.

O reconhecimento da vulnerabilidade e da necessidade de tutelar juridicamente os consumidores reflete, dentre outras coisas, o necessário entrelaçamento entre os campos do direito público (em especial, o Direito Constitucional e o Direito Administrativo) e do direito privado (em especial, o Direito das Obrigações) na garantia de interesses que podem ser, para a ordem jurídica, individuais, coletivos ou até mesmo difusos. Recepcionando regras e princípios jurídicos de direito público e privado, o Direito Econômico surge, dentre outras coisas, como o ramo da Ciência Jurídica responsável pelo estudo das normas jurídicas destinadas a disciplinar as relações econômicas (dentre as quais estão as *relações de consumo*).

O CDC inscreve-se, assim, como objeto de estudo do Direito Econômico. Não obstante o sistema normativo do Código ser composto de normas jurídicas de direito público e privado, constata-se, acima de tudo, sua função primordial no ordenamento jurídico brasileiro: *sobrepor o interesse público ou do Estado* (defesa dos consumidores) *ao interesse privado* (interesse dos fornecedores), *equilibrando as relações de consumo*.

O CDC atua segundo uma *lógica econômica normativa (dever-ser)*, subordinada aos princípios constitucionais da ordem econômica. Por esta razão, não cabe confundir a lógica econômica do Código com a dinâmica social das relações de consumo. Esta, ao contrário da primeira, está vinculada a uma *lógica econômica fática (ser)*, responsável pela realidade e objetivos do mercado, favoráveis, na maioria das vezes, aos fornecedores.

Sendo todo e qualquer serviço uma atividade econômica cuja contraprestação se dá mediante remuneração direta pelo usuário (art. 3º, § 2º, do CDC), os serviços de titularidade estatal (serviços públicos), prestados pelas pessoas jurídicas da Administração Pública indireta (a chamada execução direta), ou submetida, esta prestação, ao processo de delegação à iniciativa privada (execução indireta) serão sempre objeto de relação de consumo. A conseqüência lógica desta afirmação é a de que todo e qualquer usuário de serviço público será sempre um consumidor.

Na outra extremidade da relação de consumo, o Estado, titular da prestação desta atividade econômica, atua como empresário, i. é., oferece seus serviços aos consumidores que poderão optar por receber ou não a prestação dos mesmos. Neste sentido, há uma larga distinção entre serviços públicos e *funções irrenunciáveis do Estado*. Nestas, o Estado atua como *autoridade*, impondo apenas um modelo de atividades não-econômicas, destinadas a concretizar certos direitos fundamentais dos cidadãos (saúde, educação, segurança pública, acesso à justiça, etc.). Na prestação das *funções* não há que se falar em consumidores, mas em simples usuários que, em muitos casos, podem ser equiparados aos contribuintes.

É importante relembrar que a saúde, a educação e a segurança pública só são consideradas *funções* na medida em que não está presente a motivação econômica para a prestação das atividades ligadas à efetivação desses direitos. Em outras palavras, só há funções quando tais atividades forem prestadas pelo Estado. Ao contrário, quando a iniciativa privada, com base em direito que lhe assiste, resolve auxiliar o Estado a concretizar os direitos à saúde, educação e segurança pública, a motivação econômica estará presente e não haverá funções, mas atividades empresariais *(serviços privados)*.

Além da preocupação em defender a idéia da distinção entre serviços e funções, o trabalho buscou também chamar a atenção para as implicações que o processo de privatização das atividades econômicas do Estado está trazendo para o papel do ente estatal na prestação de serviços públicos. Partindo da constatação de que a privatização envolve tão-somente a transferência da execução dos serviços públicos para a iniciativa privada, percebe-se que a permanência desta titularidade desses serviços nas mãos do Estado está diretamente relacionada à ascensão dos contratos de concessão e atos de permissão, previstos no art. 175 da Constituição Federal.

Em outras palavras, o trabalho procurou demonstrar que a tendência atual na prestação dos serviços públicos pode ser explicada através do declínio da *descentralização administrativa* (execução direta, pelas pessoas jurídicas da Administração Pública indireta), em relação à ascensão do processo de delegação (execução indireta, pela iniciativa privada mediante concessões ou permissões). Esta realidade revela que o Estado tende a perder sua natureza empresarial e passa a assumir, cada vez mais, o papel do ente controlador (fiscalizador) das atividades econômicas.

Como conseqüência, têm-se duas outras tendências. A primeira diz respeito à existência de um ambiente competitivo entre as várias empresas concessionárias e permissionárias, atuando, p. ex., em serviços públicos como energia elétrica e telecomunicações. A segunda está em existir cada vez mais uma divisão entre duas espécies de agentes: os agentes prestadores (constituídos pelas empresas concessionárias ou permissionárias) e os agentes controladores (fiscalizadores) dos primeiros (o Estado e, o que é muito importante, os consumidores).

Evidencia-se, pois, a emergência de uma cultura fiscalizatória sobre a prestação dos serviços públicos, focalizada em dois pontos correlatos. O primeiro deles visa a garantir os princípios da *livre concorrência* (entre as empresas privadas) e da *defesa do consumidor* (direito a sua liberdade de escolha perante as empresas), consagrados no art. 170, IV e V, da CF. O segundo diz respeito à fiscalização da *qualidade* (adequação) dos serviços públicos prestados. Ou seja, a fiscalização deve ter como finalidade a garantia de uma prestação adequada dos serviços públicos, segundo o conceito extraído do art. 6º, § 1º, da Lei nº 8.987, de 13 de fevereiro de 1995 (Lei das Concessões e Permissões).

Os agentes responsáveis pela prática desta cultura fiscalizatória são, como se afirmou há pouco, o Estado – responsável pela regulamentação dos meios institucionais de controle ou fiscalização, nos quais seja possível a participação dos consumidores – e os próprios consumidores. Quanto ao Estado, o trabalho procurou mostrar que a regulação em torno da criação das agências regulatórias federais e estaduais (ANATEL, ANEEL, AGERGS, etc.) representa, ainda que sobre a estrutura e funcionamento destas agências pesem muitas críticas, o que há de mais atual acerca da regulação dos serviços públicos delegados à iniciativa privada. Além disso, o trabalho demonstrou que a estrutura destas agências comporta, de uma certa forma, um espaço de participação dos consumidores na defesa de seus direitos.

O trabalho procurou chamar a atenção para a importância da consciência de que o *ser consumidor*, no sistema capitalista, é, sem sombra de dúvida, uma extensão do *ser cidadão*. A consagração dos direitos básicos dos consumidores, sucedida de uma efetiva participação dos mesmos na luta pela efetivação desses direitos, representa uma parcela significativa do exercício da cidadania. Assim, movidos pelos tradicionais interesses individuais (direitos subjetivos individuais) ou mesmo por interesses coletivos ou difusos, os consumidores de serviços públicos podem ser considerados cidadãos plenamente ativos, na medida em que se interessam e lutam para ver satisfeitos os direitos à liberdade de escolha (art. 6º, II, do CDC) e a uma adequada e eficaz prestação de serviços públicos em geral (art. 6º, X, do CDC).

O direito a uma adequada e eficaz prestação de serviços públicos em geral encontra reflexo no Código de Defesa do Consumidor (art. 6º, X), na Lei nº 8.987/95 (art. 7º) e nas legislações mais específicas, como a Lei nº 9.472/97 (art. 3º). Atualmente, a existência de projetos sobre a Lei de Participação e Defesa dos Usuários é fato importante para o controle da prestação dos serviços públicos, realizado pelos consumidores. Esta legislação futura pretende regular genericamente a matéria, motivo pelo qual se faz necessário o exame dos seus projetos de lei, refletindo sobre a incidência da lei posterior sobre as leis anteriores que dispõem sobre o assunto.

A análise das legislações genéricas e específicas sobre a matéria dos serviços públicos permitiu que se percebesse o quão pequena é a participação dos consumidores brasileiros no controle da prestação dos serviços públicos, se bem compreendida a vulnerabilidade técnica, política e econômica daqueles frente às atuais empresas prestadoras que estão surgindo com as privatizações. No entanto, todas essas legislações que dispõem sobre os direitos dos consumidores e regulamentam mecanismos institucionais de participação dos mesmos já são, *a priori*, instrumentos necessários à efetivação do equilíbrio nas relações de consumo de serviços públicos.

Ampliando a discussão, i. é, passando do plano normativo para o plano fático, tem-se uma realidade que apresenta obstáculos à concretização desse equilíbrio nas relações de consumo. Estes obstáculos são oriundos de fatores políticos e econômicos, como a falta de autonomia política da ANEEL frente ao Governo Federal, e os interesses das empresas privadas. Por estas e outras razões, as pessoas que, desempenhando uma *função administrativa*, controlam a prestação dos serviços públicos no âmbito das agências reguladoras, devem saber que estão controlando um grande poder econômico, capaz de corromper, de desrespeitar a própria lei para fazer valer seus interesses. Da mesma forma, aqueles consumidores que participam de fora do âmbito das agências – como os *usuários voluntários* na AGERGS – devem ser portadores desta consciência.

Os consumidores de serviços públicos são, em sua grande maioria, pessoas físicas, cidadãos comuns. Por este motivo, encontram-se por demais afastados deste poder econômico e, não raras vezes, em conflito com o mesmo. Se a defesa dos consumidores é um princípio constitucional da ordem econômica (art. 170, V, da CF) e se a normatividade da Constituição deve ser preservada mesmo sob a pressão dos fatores sociais, políticos e econômicos, então o poder econômico deve encontrar limites na realização do princípio maior da *justiça social*.

Defender os consumidores de serviços públicos do grande poder econômico que lhes pode fazer frente é, no estágio atual do sistema econômico capitalista, uma questão de luta pela realização da justiça social, da dignidade humana. Por esta razão, reafirma-se a importância da intervenção do Estado brasileiro na tutela jurídica dos consumidores. Mas a intervenção estatal não pode ser absoluta, a ponto de não poder contar com a participação desses sujeitos de direitos.

Assim, quando os consumidores assumem sua parcela de responsabilidade na luta pela garantia dos seus direitos, há uma possibilidade maior de que esses direitos venham a ser respeitados. No Brasil, esta conscientização dos consumidores ainda está no estágio inicial. Não poderia ser de outra forma, visto que o Código de Defesa do Consumidor tem apenas onze anos de vigência e, principalmente, pelo fato de que os brasileiros ainda estão reaprendendo a viver em uma democracia.

De todo exposto, tem-se a esperança de que a vivência no regime democrático - especialmente no que toca à *democratização da informação* – permita que os consumidores de serviços públicos possam, como parceiros do Estado, participar cada vez mais da prática fiscalizatória sobre essas atividades econômicas. Os meios institucionais já existem, embora a margem de participação dos consumidores seja pequena. Espera-se que a realização do Estado *Democrático* de Direito tenha, como uma de suas condições, a relação cada vez mais estreita entre a Administração Pública e a sociedade civil, na busca da efetivação dos direitos dos consumidores. Desta forma, dá-se um passo considerável para a realização da ordem econômica constitucional e de seu princípio norteador: a justiça social.

Referências bibliográficas

1. Doutrina

AGUILLAR, Fernando Herren. *Controle social de serviços públicos*. São Paulo: Max Limonad, 1999.

ALEXY, Robert. *Teoria de los derechos fundamentales*. Madrid: Centro de Estudios Constitucionales, 1993.

ALMEIDA, Carlos Ferreira de. *Os direitos dos consumidores*. Coimbra: Livraria Almedina, 1982.

ALMEIDA, Luis Otávio de Oliveira. História e fundamentos do direito do consumidor. *In: Revista dos Tribunais nº 648* (outubro/ 89). p. 31-45.

ALVES, André Hiroshi Hayashi. *O direito do administrado ao serviço público adequado e os meios de defesa desse direito*. Monografia apresentada ao CCJ/UFSC, 1999.

AMARAL, João Batista de. *Proteção jurídica do consumidor*. São Paulo: Saraiva, 1993.

ANDRADE, Roberto Braga de. Fornecimento e consumo de serviços: em busca de uma formatação dogmática. *In: Revista Direito do Consumidor nº 16*. 1995, p. 63-77.

ANDRADE, Vera Regina Pereira de. *Cidadania: do direito aos direitos humanos*. São Paulo: Acadêmica, 1993.

AQCUAVIVA, Marcus Cláudio. *Teoria Geral do Estado*. São Paulo: Saraiva, 1994.

ARGÜELLES, Ruan Ramon de Paramo. *H. L. A. Hart y la teoria analítica del derecho*, Madrid: Centro de Estudios Constitucionales, 1984.

ARISTÓTELES. *A Política*. São Paulo: Martins Fontes, 1991.

ATALIBA, Geraldo. *Hipótese de incidência tributária*. 4.ed. São Paulo: Revista dos Tribunais, 1990.

AVRITZER, Leonardo. Sociedade civil: além da dicotomia Estado-mercado. *In: Sociedade civil e democratização* (Coord: Leonardo Avritzer). Belo Horizonte: Del Rey, 1994, p. 23-40.

BAGATINI, Idemir Luiz. *O Consumidor BRASILEIRO e o Acesso à Cidadania*. Ijuí: Ed. UNIJUÍ, 2001.

BANDEIRA DE MELLO, Celso Antônio. *Curso de Direito Administrativo*. 11.ed. São Paulo: Malheiros, 1999.

BANDEIRA DE MELLO, Oswaldo Aranha. *Princípios de Direito Administrativo*. V. II. Rio de Janeiro: Forense, 1969.

BARBOZA, Benedito Gomes. O anteprojeto de organizações sociais e o contrato de gestão. *In: Revista de Direito Administrativo Aplicado (GENESIS) nº 12*, janeiro/março de 1997, p. 23-30.

BASTOS, Celso. A Federação nas Constituições Brasileiras. *In: Revista de Procuradoria Geral do Estado de São Paulo (PGE/SP)*, junho/1998, p. 45-77.

BATISTA JR., Paulo Nogueira. Mitos da "Globalização". *In: Revista Estudos Avançados (CEBRAP) n° 12 (32)*, 1998, p. 125-186.

BENEVIDES, Maria Victória de Mesquita. Cidadania e democracia. *In: Revista Lua Nova n° 33*, 1994, p. 5-16.

BENJAMIN, César. Foi loucura, mas houve método nela: gênese, dinâmica e sentido da crise energética brasileira. *In: Revista Caros Amigos n° 51*, São Paulo: Editora Casa Amarela, junho/2001, p. 10-13.

BIONDI, Aloysio. *O Brasil privatizado: um balanço do desmonte do Estado*. São Paulo: Fundação Perseu Abramo, 1999.

BLANCHET, Luiz Alberto. *Concessão e Permissão de Serviços Públicos*. Curitiba: Juruá, 1995.

BOBBIO, Norbeto. *Teoria do Ordenamento Jurídico*. 10.ed. Brasília: UnB, 1997.

BOLZAN DE MORAIS, José Luís. *Do direito social aos interesses transindividuais: o Estado e o direito na ordem contemporânea*. Porto Alegre: Livraria do Advogado, 1996.

BONATTO, Cláudio; MORAES, Paulo Valério Dal Pai. *Questões controvertidas no Código de Defesa do Consumidor*. Porto Alegre: Livraria do Advogado, 1998.

BONAVIDES, Paulo. *Curso de Direito Constitucional*. 7. ed. São Paulo: Malheiros, 1998.

BUARQUE, Cristovan. Qualidade de vida: a modernização da utopia. *In: Revista Lua Nova n° 31*, 1993, p. 157-166.

CABRAL, Otávio. Tarifas de energia elétrica ficam em média 2% mais baratas. *In: Folha de São Paulo*, 8 de junho de 2000, p. B7.

CADEMARTORI, Sérgio. *Estado de Direito e Legitimidade: uma abordagem garantista*. Porto Alegre: Livraria do Advogado, 1999.

CAPPELLETTI, Mauro. O acesso dos consumidores à justiça. *In: As garantias do cidadão na justiça* (Coord. Min. Sálvio de F. Teixeira). São Paulo: Saraiva, 1993. p. 309-325.

——. Formazioni sociali e interessi di gruppo davanti alla giustizia civile. *In: Rivista di diritto processuale*, V. III, 1975. p. 361-402.

CAVALCANTI, Amaro. *Responsabilidade Civil do Estado*. Tomo I, Rio de Janeiro: Editor Borsoi, 1957.

CAZZANIGA, Gláucia Aparecida Ferraroli. Responsabilidade dos órgãos públicos no Código de Defesa do Consumidor. *In: Revista Direito do Consumidor n° 11*, 1994, p. 144-160.

CELLI JR., Umberto. A nova organização dos serviços na lei geral de telecomunicações. *In: Revista de Direito Administrativo n° 211*, 1998. p. 151-161.

CLÈVE, Clèmerson Merlin. O cidadão, a Administração Pública e a nova Constituição. *In: Revista de Informação Legislativa* n° 106, 1990. p. 81-98.

COMPARATO, Fábio Konder. A Nova Cidadania. *In: 14ª Conferência Nacional da OAB (OAB Textos)*, setembro/1992, p. 23-32.

——. A proteção ao consumidor: importante capítulo de direito econômico. *In: Revista da Consultoria Geral do Estado do Rio Grande do Sul n° 06 (14)*, 1976. p. 81-105.

COSTIN, Cláudia. O brasileiro como cliente. *In: Site do MARE:* www.mare.gov.br/Historico/Artigos/Estado.htm.(1999).

COUTO E SILVA, Almiro do. Os indivíduos e o Estado na realização de tarefas públicas. *In: Revista de Direito Administrativo n° 209*, 1997. p. 43-70.

COUTO E SILVA, Clóvis do. *A obrigação como processo*. São Paulo: José Bushatsky Editor, 1976.

CRETELLA JR., José. *O Estado e a obrigação de indenizar*. São Paulo: Saraiva, 1980.
DALLARI, Dalmo de Abreu. *Elementos de Teoria Geral do Estado*. 21ª ed. São Paulo: Saraiva, 2000.
DEL VECCHIO, Giorgio. *Lições de Filosofia do Direito*. 5. ed. Coimbra: Arménio Amado Editor, 1979.
DERANI, Cristiane. *Direito Ambiental Econômico*. São Paulo: Max Limonad. 1997.
DIEZ-PICAZO, Luis. *Derecho y masificación social*. Madrid: Cuadernos Civitas, 1987
DINIZ, Maria Helena. *Compêndio de Introdução à Ciência do Direito*. 9. ed. São Paulo: Saraiva, 1997.
DI PIETRO, Maria Sylvia Zanella. *Direito Administrativo*. 4. ed., São Paulo: Atlas, 1994.
———. *Parcerias na Administração Pública. Concessão, Permissão, Franquia, Terceirização e outras formas*, 3. ed. São Paulo: Atlas, 1999.
DONATO, Maria Antonieta Zanardo. *Proteção ao consumidor – conceito e extensão*. São Paulo: RT, 1993.
DWORKIN, Ronald. *Los derechos en serio*. 2. ed. Barcelona: Editorial Ariel S.A., 1989.
ECO, Humberto. *Como se faz uma tese*. 13. ed., São Paulo: Perspectiva.
ESCOBAR, João Carlos Mariense. *O Novo Direito das Telecomunicações*. Porto Alegre: Livraria do Advogado, 1999.
FARENA, Duciran Van Marsen. Privatização de serviços públicos e competição: o direito de escolha do prestador de serviço. *In: Revista da AJURIS* (edição especial), Tomo II, 1998. p. 689-703.
FARJAT, Gérard. A noção de direito econômico. *In: Revista Direito do Consumidor nº 19,* 1996. p. 25-67.
———. *Manual de Direitos do Consumidor*. 2.ed. São Paulo: Atlas, 1991.
FREITAS, Juarez. *A interpretação sistemática do direito*. São Paulo: Malheiros, 1995.
———. O consumidor de serviços públicos e a urgência de um novo regime fomentador da cultura participativa. *In: Revista Trimestral de Jurisprudência dos Estados*. V. 166, setembro/outubro de 1998.
GALEANO, Eduardo. *A descoberta da América (que ainda não houve)*. 2ª ed. Porto Alegre: Editora da Universidade/UFRGS, 1990.
GILENO, Marcelino. *Governo, imagem e sociedade*. Brasília: FUNCEP, 1998.
GOUVÊA, Gilda Portugal. *Burocracia e elites burocráticas no Brasil*. São Paulo: Paulicéia, 1994.
GRAU, Eros Roberto. *A Ordem Econômica na Constituição de 1988 (interpretação e crítica)*. 5. ed. São Paulo: Malheiros, 2000.
GRINOVER, Ada Pellegrini. Acesso à justiça e garantias constitucionais do processo do consumidor. *In:* TEIXEIRA, Sálvio de F. (coord.). *As garantias do cidadão na justiça*. São Paulo: Saraiva, 1993. p. 293-307.
———; VASCONCELOS E BENJAMIN, Antônio Herman de; et. alii. *Código Brasileiro de Defesa do Consumidor – Comentado pelos Autores do Anteprojeto*. 7ª ed., rev. e amp., 2001.
GROTTI, Dinorá Adelaide Musetti. Teoria dos Serviços Públicos e sua Transformação. *In:* SUNDFELD, Carlos Ari (coord.). *Direito Administrativo Econômico*. São Paulo: Malheiros. 2000, p. 39-71.
GUALAZZI, Eduardo Lobo Botelho. *Serviços comerciais, industriais e internacionais do Estado*. São Paulo: Revista dos Tribunais, 1985.

HESSE, Konrad. *A força normativa da Constituição*. Porto Alegre: Sergio Antonio Fabris, 1991.

HORTA, Raul Machado. Constituição e Ordem Econômica e Financeira. *In: Revista de Informação Legislativa nº 111*, 1991. p. 05-20.

KELSEN, Hans. *A Democracia*. São Paulo: Martins Fontes, 1993.

KRAUSE, Eduardo Battaglia. *Agências de Regulação – conceito, legislação e prática no Brasil*. Porto Alegre: Mercado Aberto, 2001.

LAZZARINI, Álvaro. Serviços públicos nas relações de consumo. *In: Revista Direito do Consumidor nº 29*. 1999, p. 21-28.

LISBOA, Roberto Senise. *Responsabilidade Civil nas Relações de Consumo*. São Paulo: Revista dos Tribunais, 2001.

LOPES, José Reinaldo de Lima. Direito do consumidor e privatização. *In: Revista da AJURIS* (edição especial), v. II, março/1998, p. 361-368.

——.Responsabilidade do Estado por empresas fiscalizadas. *In: Revista Direito do Consumidor nº 18*. 1996, p. 77-93.

LOTERO, Roberto C. *A eficiência econômica na reestruturação do setor elétrico brasileiro: uma abordagem através da economia dos custos de transação*. Tese de Doutorado apresentada ao PEPS/UFSC – Engenharia de Produção, 1999.

MACEDO JR. Ronaldo Porto. A Proteção dos Usuários de Serviços Públicos – A Perspectiva do Direito do Consumidor. *In:* SUNDFELD, Carlos Ari (coord.). *Direito Administrativo Econômico*. São Paulo: Malheiros. 2000, p. 239-254.

MACHADO, Hugo de Brito. *O conceito de tributo no direito brasileiro*. Rio de Janeiro: Forense, 1987.

MALUF, Luiz Augusto Finger França. *A Reforma das Telecomunicações: Mudanças Institucionais e Reestruturação Microeconômica sobre o segmento da Telefonia Fixa no Brasil*. Monografia submetida ao Departamento de Ciências Econômicas da UFSC, 1999.

MANCUSO, Rodolfo de Camargo. *Manual do consumidor em juízo*. São Paulo: Saraiva, 1994.

MARQUES, Cláudia Lima. Direitos básicos do consumidor na sociedade pós-moderna de serviços: O aparecimento de um sujeito novo e a realização de seus direitos. *In: Revista Direito do Consumidor n.35*, julho-setembro /2000, p. 61-96.

——. *Contratos no Código de Defesa do Consumidor*. São Paulo: Revista dos Tribunais, 1992.

MARQUES NETO, Floriano Azevedo. Direito das Telecomunicações e ANATEL. *In:* SUNDFELD, Carlos Ari (coord.). *Direito Administrativo Econômico*. São Paulo: Malheiros. 2000, p. 300-316.

MARSHALL, Therence. *Cidadania, classe social e status*. São Paulo: Zahar, 1967. p. 57-114.

MARTINS-COSTA, Judith. Crise e modificação da idéia de contrato no direito brasileiro. *In: Revista Direito do Consumidor nº 03*, 1992, p. 127-154.

MASAGÃO, Mário. *Curso de Direito Administrativo*. Tomo II. São Paulo: Max Limonad, 1960.

MATOS, Eduardo Lima de. Suspensão de serviço público (energia elétrica) por falta de pagamento. Não violação do CDC. *In: Revista de Direito do Consumidor nº 05*, 1993. p. 202-205.

MEDAUAR, Odete. *Direito Administrativo Moderno*. 3. ed. São Paulo: Revista dos Tribunais, 1999.

MEIRELLES, Hely Lopes. *Direito Administrativo Brasileiro*. 19. ed. São Paulo: Malheiros, 1994.

———. *Direito Municipal Brasileiro*. São Paulo: Malheiros, 1998.

MENDES, Conrado Hübner. Reforma do Estado e Agências Reguladoras: Estabelecendo os Parâmetros de Discussão. In: SUNDFELD, Carlos Ari (coord.). *Direito Administrativo Econômico*. São Paulo: Malheiros. 2000, p. 99-139.

MENEZELLO, Maria D'Assunção C. Código de Defesa do Consumidor e a prestação de serviços públicos. In: *Revista Direito do Consumidor n° 19*. 1996, p. 232-235.

MODESTO, Paulo. Reforma Administrativa e marco legal das Organizações Sociais no Brasil. In: *Revista de Direito Administrativo n° 210*, 1997. p. 195-212.

MOLL, Luíza Helena Malta. *Direito Administrativo: relações sociais e espaços políticos*. Dissertação de Mestrado apresentada ao CPGD/UFSC, 1986.

MONCADA, Luís S. Cabral de. *Direito Economico*. 2. ed. Coimbra Editora, 1998.

MONTORO, André Franco. *Introdução à Ciência do Direito*. 23. ed. São Paulo: Revista dos Tribunais, 1995.

MORAES, Paulo Valério Dal Pai. *Código de Defesa do Consumidor: princípio da vulnerabilidade no contrato, na publicidade e nas demais práticas comerciais*. Porto Alegre: Síntese, 1999.

MOREIRA, Vital. *A ordem jurídica do capitalismo*. 3. ed. Coimbra: Centelha, 1978.

MOREIRA NETO, Diogo de Figueiredo. *Curso de Direito Administrativo*. 2. ed. São Paulo: Forense, 1974.

MUKAI, Toshio. *Administração Pública na Constituição de 1988*. São Paulo: Saraiva, 1989.

———. *Concessões e permissões de serviços públicos*. São Paulo: Saraiva, 1995.

NADER, Paulo. *Introdução ao estudo do Direito*. 18. ed. Rio de Janeiro: Forense, 2000.

NORONHA. Fernando. Desenvolvimentos contemporâneos da responsabilidade civil. In: *Revista do Curso de Pós-Graduação em Direito da UFSC (Seqüência) n° 37*, dezembro de 1998, p. 21-37.

———. *Direito das Obrigações – responsabilidade civil pública*. Apostila apresentada aos alunos da graduação do CCJ/UFSC, 1999(a). (mimeo).

———. *Direito do Consumidor, contratos de consumo, cláusulas abusivas e responsabilidade do fornecedor*. Apostila apresentada aos alunos da graduação do CCJ/UFSC, 1999(b). (mimeo).

———. *O direito dos contratos e seus princípios fundamentais: autonomia privada, boa-fé e justiça contratual*. São Paulo: Saraiva, 1994.

NOVAIS, Jorge Reis. *Contributo para uma teoria do Estado de Direito. Do Estado de Direito liberal ao Estado social e democrático de Direito*. Coimbra, 1987.

NUSDEO, Fábio. *Curso de Economia – Introdução ao Direito Econômico*. 3ª ed. São Paulo: Revista dos Tribunais. 2001.

OLIVEIRA, Jorge Rubem Folena. O Estado empresário: o fim de uma era. In: *Revista de Informação Legislativa n° 134*, 1997. p. 297-309.

OLIVEIRA, José Roberto Pimenta. A ANEEL e Serviços de Energia Elétrica. In: SUNDFELD, Carlos Ari (coord.). *Direito Administrativo Econômico*. São Paulo: Malheiros. 2000, p. 329-351.

OSBORNE, David; GAEBLER, Ted. *Reinventando o governo: como o espírito empreendedor está transformando o setor público*. Trad. Sérgio F. Bath e Ewandro M. Jr. Brasília: MH comunicação, 1994.

PASQUALOTO, Adalberto. Os serviços públicos no Código de Defesa do Consumidor. In: Revista Direito do Consumidor nº 01, 1992. p. 130-147.

PEREIRA, Caio Mário Silva. Responsabilidade Civil-de acordo com a CF/ 88. 8. ed. Rio de Janeiro: Forense, 1998(a).

PEREIRA, José Matias. Estudos sobre direito do consumidor: os direitos e interesses do consumidor – fundamentos, interpretação e crítica. In: Revista de Informação Legislativa nº 125, 1995. p. 115-123.

PEREIRA, Luiz Carlos Bresser. Exposição no Senado sobre a Reforma da Administração Pública. In: Cadernos do MARE nº 03. Brasília: Ministério da Administração e Reforma do Estado, 1998(b).

———. Reforma do Estado para a cidadania. São Paulo: Editora 34; Brasília: ENAP, 1998(c).

PESSOA, Mário Falcão; ABE, Sellchi. Qualidade e Participação na Administração Pública Federal – novos critérios para a avaliação da gestão pública. In: Monografias vencedoras do Prêmio Serzedello Corrêa. Brasília: TCU, 1997, p. 25-57.

PORTO NETO, Beneticto. A Agência Nacional de Telecomunicações. In: SUNDFELD, Carlos Ari (coord.). Direito Administrativo Econômico. São Paulo: Malheiros. 2000, p. 286-299.

RAIZER, Ludwig. O futuro do direito privado. In: Revista de Procuradoria Geral do Estado do Rio Grande do Sul nº 09 (25), 1979. p. 11-30.

REICH, Norbert. Intervenção do Estado na economia (reflexões sobre a pós-modernidade na teoria jurídica). In: Revista Trimestral de Direito Público nº 94. p. 265-282.

SALAMON, Lester. A emergência do terceiro setor-uma revolução associativa global. In: Revista de Administração nº 01 (33), São Paulo, janeiro/março 1998, p. 05-11.

SANDIN, Émerson Odilon. O dever funcional do bom atendimento. In: Site do Boletim Paulista de Direito: www.bpdir.com.br, 27 de outubro de 1999.

SANTOS, Milton. O espaço do cidadão. 4. ed. São Paulo: Nobel, 1998.

SCHIER, Paulo Ricardo. Filtragem constitucional: construindo uma nova dogmática jurídica. Porto Alegre: Sérgio Antônio Fabris, 1999.

SILVA, José Afonso da. Aplicabilidade das normas constitucionais. 3. ed. São Paulo: Malheiros, 1998.

SOUSA SANTOS, Boaventura de. O Estado e o Direito na Transição Pós-Moderna: para um Novo Senso Comum sobre o Poder e o Direito. In: Revista Crítica de Ciências Sociais nº 30. Lisboa, janeiro/1990, p. 13-43.

SOUZA, João Carlos Lopes de. Política tarifária e encargos do concedente e do concessionário. In: MEDAUAR, Odete (coord.).Concessão de Serviço Público. São Paulo: Revista dos Tribunais, 1995(a), p. 101-115.

SOUSA, Raimunda Alves de; MOREIRA, Terezinha. Reflexões sobre a Concessão de Serviços Públicos. In: Revista do BNDES nº 04 (02), 1995(b), p. 39-53.

STRECK, Lenio Luiz. Hermenêutica Jurídica e(m) crise. Porto Alegre: Livraria do Advogado, 1999.

SUNDFELD, Carlos Ari. Introdução às Agências Reguladoras. In: SUNDFELD, Carlos Ari (coord.). Direito Administrativo Econômico. São Paulo: Malheiros, 2000, p. 17-38.

TÁCITO, Caio. A nova lei de concessões de serviço público. In: Revista de Direito Administrativo nº 201, 1995(a). p. 29-34.

———. Direito Administrativo Participativo. In: Revista de Direito Administrativo nº 209, 1997. p. 01-06.

——. O retorno do pêndulo: serviço público e empresa privada – o exemplo brasileiro. *In: Revista de Direito Administrativo nº 202*, 1995(b). p. 01-10.

TASCHNER, Gisela Black. Dimensões políticas da cultura de consumo. *In: Revista Lua Nova nº 42*, 1997. p. 183-199.

TIMM, Luciano Benetti. *Da prestação de serviços*. Porto Alegre: Síntese, 1998.

VENÂNCIO FILHO, Alberto. *A intervenção do Estado no domínio econômico*, Rio de Janeiro: FGV, 1968.

VIEIRA, Liszt. *Cidadania e globalização*. Rio de Janeiro: Record. 1998.

WALTENBERG, David A. M. O Direito da Energia Elétrica e a ANEEL. *In:* SUNDFELD, Carlos Ari (coord.). *Direito Administrativo Econômico*. São Paulo: Malheiros. 2000, p. 352-377.

WOLKMER, Antônio Carlos. *Constitucionalismo e direitos sociais no Brasil*. São Paulo: Acadêmica, 1989.

2. Legislação

BRASIL: Estado de São Paulo. Lei n.º 1.903, de 29 de dezembro de 1978. Institui o Sistema de Proteção ao Consumidor e dá outras providências correlatadas. *In: FILOMENO, José Geraldo Brito. Manual de Direitos do Consumidor*. 2. ed. São Paulo: Atlas, 1991.

BRASIL: Constituição, 1988. *Constituição da República Federativa do Brasil*, promulgada em 5 de outubro de 1988. *In: Coleção Saraiva de Legislação*. 20. ed. São Paulo: Saraiva, 1998.

BRASIL: Lei nº 7.783, de 28 de junho de 1989. Dispõe sobre o exercício do direito de greve, define as atividades essenciais, regula o atendimento das necessidades inadiáveis da comunidade, e dá outras providências. *In: Site da Presidência da República:* www.planalto.gov.br/CCIVIL/Leis/L7783. htm, 25/05/1999.

BRASIL: Lei nº 8.078, de 11 de setembro de 1990. Institui o Código de Defesa do Consumidor e dá outras providências. Brasília: Ministério da Justiça, Departamento de Proteção e Defesa do Consumidor, 1997.

BRASIL: Decreto nº 1.171, de 22 de junho de 1994. Aprova o Código de Ética Profissional do Servidor Público Civil do Poder Executivo Federal. *In: Site da Presidência da República:* www.planalto.gov.br/CCIVIL/decreto/D1171. htm, 25.05.2000.

BRASIL: Lei nº 8.666, de 21 de junho de 1993. Regulamenta o art. 37, XXI, da Constituição Federal, institui normas para licitações e contratos da Administração Pública e dá outras providências. *In:* MEDAUAR. Odete (coord.). *Concessão de Serviço Público*. São Paulo: Revista dos Tribunais, 1995.

BRASIL: Lei nº 8.884, de 11 de junho de 1994. Transforma o Conselho Administrativo de Defesa Econômica (Cade) em Autarquia, dispõe sobre a prevenção e a repressão às infrações contra a ordem econômica e dá outras providências. *In: Site da Presidência da República:* www.planalto. gov.br/CCIVIL/Leis/L8884.htm, 10.03.2000.

BRASIL: Lei nº 8.977, de 6 de janeiro de 1995. Dispõe sobre o serviço de TV à cabo e dá outras providências. *In: Concessão de Serviço Público (Coord. Odete Medauar)*. São Paulo: Revista dos Tribunais, 1995.

BRASIL: Lei nº 8.987, de 13 de fevereiro de 1995. Dispõe sobre o regime de concessão e permissão de serviços previstos no art. 175 da Constituição Federal, e dá outras providências. *In:* MUKAI, Toshio. *Concessões e Permissões de Serviços Públicos*. São Paulo: Saraiva, 1995.

BRASIL: Lei nº 9. 074, de 7 de junho de 1995. Estabelece normas para outorga e prorrogações das concessões de serviços públicos e dá outras providências. *In:* MEDAUAR, Odete. *Concessão de Serviço Público.* São Paulo: Saraiva, 1995.

BRASIL: Presidência da República. Câmara da Reforma do Estado. Plano Diretor da reforma do aparelho do Estado. *In: Site da Presidência da República*: www.planalto.gov.br/secom/colecao/plandi.htm, 19/04/1999.

BRASIL: Lei nº 9.394, de 20 de dezembro de 1996. Estabelece diretrizes e bases da educação nacional. *In: Site da Presidência da República:* www.planalto.gov.br/CCIVIL/Leis/L9394.htm, 25/05/1999.

BRASIL: Lei nº 9.427, de 26 de dezembro de 1996. Institui a Agência Nacional de Energia Elétrica – ANEEL, disciplina o regime das concessões de serviços públicos de energia elétrica e dá outras providências *In: Site do Informativo Jurídico* – NEÓFITO: www.neofito.com.br/legisac/L9427.htm, 24/01/2000.

BRASIL: Decreto nº 2.181, de 20 de março de 1997. Dispõe sobre a organização do Sistema Nacional de Defesa do Consumidor – SNDC, estabelece as normas gerais de aplicação das sanções administrativas na Lei nº 8.078, de 11 de setembro de 1990, revoga o Decreto nº 861, de 9 de julho de 1993, e dá outras providências. Brasília: Ministério da Justiça, Departamento de Proteção e Defesa do Consumidor, 1997.

BRASIL: Lei nº 9.472, de 16 de julho de 1997. Dispõe sobre a organização dos serviços de telecomunicações, a criação e funcionamento de um órgão regulador e outros aspectos institucionais, nos termos da Emenda Constitucional nº 8, de 1995. *In: Site da Presidência da República*: www.planalto.gov.br/CCIVIL/Leis/L9472.htm, 24/01/2000.

BRASIL: Lei nº 9.491, de 9 de setembro de 1997. Altera procedimentos relativos ao Programa Nacional de Desestatização, revoga a Lei nº 8.031, de 12 de abril de 1990, e dá outras providências. *In: Site da Presidência da República*: www.planalto.gov.br/CCIVIL/Leis/L9491. htm, 12/11/1999.

BRASIL: Decreto nº 2.335, de 6 de outubro de 1997. Constitui a Agência Nacional de Energia Elétrica – ANEEL, autarquia sob regime especial, aprova sua Estrutura Regimental e o Quadro Demonstrativo dos Cargos em Comissão e Funções de Confiança e dá outras providências. *In: Site da Presidência da República*: www.planalto.gov.br/CCIVIL/decreto/D2335. htm, 24/01/2000.

BRASIL: Decreto nº 2.338, de 7 de outubro de 1997. Aprova o Regulamento da Agência Nacional de Telecomunicações e dá outras providências). *In: Site da Presidência da República*: www.planalto.gov.br/CCIVIL/decreto/D2338.htm, 25/01/2000.

BRASIL: Estado do Rio Grande do Sul. Lei nº 11.075, de 6 de janeiro de 1998. Institui o Código Estadual de Qualidade dos Serviços Públicos. *In: Site da Assembléia Legislativa do Rio Grande do Sul*: www.al.rs.gov.br, 08.12.1999.

BRASIL: Emenda Constitucional nº 19, de 4 de junho de 1998. Modifica o regime e dispõe sobre princípios e normas da Administração Pública, servidores e agentes políticos, controle de despesas e finanças públicas e custeio de atividades a cargo do Distrito Federal, e dá outras providências. Brasília: Ministério da Administração e Reforma do Estado (MARE), 1998.

BRASIL: Lei nº 9.784, de 29 de janeiro de 1999. Regula o processo administrativo no âmbito da Administração Pública Federal. *In: Site da Presidência da República*: www.planalto.gov.br/CCIVIL/Leis/L9784.htm, 14/04/2000.

BRASIL: Lei nº 9.791, de 24 de março de 1999. Dispõe sobre a obrigatoriedade de as concessionárias de serviços públicos estabelecerem ao consumidor e ao usuário datas opcionais para o vencimento de seus débitos. *In: Site do CCJ/UFSC:* www.ccj.ufsc.br/~nedcon/lei9791.htm, 27/01/2000.

3. Projetos de legislação

BRASIL: Versão preliminar do Anteprojeto de Lei. Apresentada pelo relator da comissão de juristas, Prof. Manoel Eduardo Alves Camargo e Gomes. *In: Site do Ministério da Administração e Reforma do Estado (MARE):* www.seap.gov.br/sobre/news/anteprojeto4.htm, 23/06/1999.

BRASIL: Projeto de Lei nº 674, de 1999 (Do Sr. Celso Russomano). *In: Câmara dos Deputados – Comissão de Defesa do Consumidor, Meio Ambiente e Minorias.* 1999.

Anexos

Textos preliminares (anteprojeto e projeto) sobre a lei de participação e defesa dos usuários

CÂMARA DO DEPUTADOS
PROJETO DE LEI Nº 674, DE 1999
(Do Sr. Celso Russomanno)

"Dispõe sobre a participação e defesa do usuário dos serviços públicos e dá outras providências".

(ÀS COMISSÕES DE DEFESA DO CONSUMIDOR, MEIO AMBIENTE E MINORIAS; DE TRABALHO, DE ADMINISTRAÇÃO E SERVIÇO PÚBLICO; DE FINANÇAS E TRIBUTAÇÃO (ART. 54); E DE CONSTITUIÇÃO E JUSTIÇA E DE REDAÇÃO (ART. 54) - ART. 24, II)

O CONGRESSO NACIONAL decreta:

CAPÍTULO I
Das Disposições Preliminares

Art. 1º - Esta lei estabelece normas gerais sobre o regime de participação e defesa do usuário dos serviços públicos prestados pela administração direta e indireta de qualquer dos Poderes da União, dos Estados, do Distrito Federal e dos Municípios, no exercício da função administrativa, diretamente ou sob o regime de concessão, permissão ou autorização.

Parágrafo único - Considera-se usuário a pessoa física ou jurídica que, direta ou indiretamente, utiliza ou pode utilizar os serviços referidos neste artigo.

Art. 2º - No início de cada ano civil, o Poder Público publicará o quadro geral dos serviços públicos, indicando:

I - a entidade ou órgão executor;

II - a autoridade administrativa a que está subordinada ou vinculada a entidade ou órgão executor;

III - a avaliação, quando houver, dos serviços prestados no exercício anterior;
IV - o prazo, a forma e local para os usuários apresentarem reclamações e sugestões referentes aos serviços.

Art. 3º - Os serviços públicos serão prestados de forma adequada ao pleno atendimento do usuário, obedecendo aos princípios da universalidade, generalidade, cortesia, transparência, regularidade, continuidade, segurança, atualidade e, quando cabível, modicidade das tarifas.

Art. 4º - Para a adequada prestação dos serviços públicos é indispensável a participação do usuário no planejamento, fiscalização da execução e avaliação dos serviços, cabendo às pessoas de direito público e as de direito privado assegurar os meios necessários ao seu exercício.

Parágrafo único - Consideram-se meios necessários ao exercício da participação:

I - livre acesso às informações referentes ao planejamento, execução, fiscalização, avaliação, custo, segurança, duração, eficácia, normas legais, regulamentares e, quando cabíveis, contratuais que regulam a execução do serviço;

II - acesso direto e facilitado do usuário:

a) ao órgão ou entidade responsável pela execução do serviço;

b) ao órgão ou entidade a que o executor do serviço estiver vinculado ou subordinado;

c) ao Serviço de Atendimento do Usuário, à Comissão de Avaliação e aos Conselhos Nacional, Estadual e Municipal de Serviço Público, nos termos desta lei.

III - registro gratuito, sem requisitos formais e mediante entrega de recibo, de sugestões e críticas sobre o serviço prestado e a forma de sua execução.

Art. 5º - A participação do usuário poderá ser exercida diretamente ou através das entidades indicadas no artigo 10 desta lei.

CAPÍTULO II
Dos Direitos do Usuário

Art. 6º - São direitos do usuário, sem prejuízo de outros decorrentes de tratado, convenções, leis, atos e contratos:

I - a adequada prestação dos serviços, nos termos do art. 3º desta lei;

II - a participação no planejamento, na fiscalização da execução e avaliação dos serviços;

III - o acesso a registros administrativos e informações sobre atos do governo, observado o disposto no artigo 5º, XXXIII, da Constituição Federal;

IV - a obtenção e utilização do serviço com liberdade de escolha, observadas as normas legais;

V - o sigilo e acesso das informações relativas à sua pessoa constantes de registros ou bancos de dados de prestadores dos serviços, observado o disposto no artigo 5º, X, da Constituição Federal, podendo fotocopiá-las;

VI - o acesso e fruição do serviço sem discriminação;

VII - atendimento preferencial, no caso de usuário idoso, gestante ou portador de deficiência física.

Art.7º - Aplica-se subsidiariamente a esta lei o contido na Lei n.º 8.078 de 11 de setembro de 1990, em especial os dispositivos que tratam:

I - dos direitos básicos do consumidor;
II - da proteção ao consumidor e reparação dos danos;
III - da responsabilidade do fornecedor de serviços;
IV - das práticas comerciais e cláusulas contratuais abusivas.

Art. 8º - Os prestadores de serviços públicos responderão pelos danos que seus agentes, nesta qualidade, causarem ao usuário, a terceiros e, quando for o caso, ao Poder Público, assegurado o direito de regresso contra o responsável nos casos de dolo ou culpa.

CAPÍTULO III
Dos Deveres do Usuário

Art. 9º - São deveres do usuário:

I - utilizar adequadamente os serviços, procedendo com lealdade e boa-fé;

II - prestar as informações que lhe forem solicitadas e colaborar para a adequada prestação do serviço;

III - comunicar às autoridades responsáveis as irregularidades praticadas pelos prestadores dos serviços;

IV - não formular reclamações, críticas ou sugestões ciente de que são destituídas de fundamento;

V - não alterar a verdade dos fatos;

VI - não opor resistência injustificada para a prestação adequada dos serviços.

CAPÍTULO IV
Da legitimação

Art. 10 - Estão legitimados para o exercício da participação e defesa dos direitos estabelecidos nesta lei:

I - o usuário;

II - a entidade legalmente constituída há mais de um ano que inclua entre seus objetivos institucionais a defesa dos interesses e direitos estabelecidos nesta lei.

CAPÍTULO V
Do Conselho Nacional de Serviço Público

Art 11 - Fica criado, no âmbito da União, o Conselho Nacional de Serviço Público, órgão consultivo do Poder Executivo, com a finalidade de formular e fiscalizar as políticas gerais e setoriais de prestação dos serviços públicos.

§ 1º - O Conselho Nacional de Serviço Público será composto por:
I - vinte e cinco por cento de membros indicados pelo Poder Público;
II - vinte e cinco por cento de membros indicados pelas pessoas jurídicas de direito privado prestadoras de serviços públicos;
III - cinqüenta por cento de membros indicados ou eleitos pelas entidades associativas de usuários de serviços públicos, legalmente constituídas há mais de dois anos.

§ 2º - Caberá ao Conselho Nacional de Serviço Público:
I - opinar sobre a política nacional de serviço público, especialmente no que se refere à defesa dos direitos e interesses do usuário;
II - propor critérios para a delegação dos serviços;
III - estabelecer as diretrizes de prestação, avaliação e aprimoramento dos serviços;
IV - realizar consultas e audiências públicas no caso de questões de relevância que envolvam interesse geral;
V - estabelecer outros meios que favoreçam o efetivo exercício dos direitos de participação e de defesa do usuário estabelecidos nesta lei;
VI - indicar um Ouvidor para a defesa do usuário, observadas as disposições desta lei;
VII - publicar, anualmente, em meio oficial e em jornal de grande circulação, relatório circunstanciado de suas atividades;

§ 3º - As sessões do Conselho serão públicas e suas pautas deverão ser publicadas em meio oficial com antecedência mínima de quarenta e oito horas.

§ 4º - Os Estados, o Distrito Federal e os Municípios que instituírem órgãos colegiados, com observância das disposições deste artigo, atuarão de forma integrada ao Conselho Nacional de Serviço Público.

CAPÍTULO VI
Dos Serviços de Atendimento ao Usuário

Art. 12 - Os prestadores de serviços públicos manterão Serviço de Atendimento ao Usuário, impondo-se ao Poder Público e à coletividade o dever de fiscalizar a adequação e eficiência do atendimento.

§ 1º - Os Serviços de Atendimento ao Usuário deverão:
I - situar-se em locais de fácil acesso ao usuário;
II - afixar de forma legível e didática:
a) o local e hora de atendimento, bem como o nome do responsável pelo serviço;

b) a descrição dos serviços e dos indicadores de desempenho;
c) as eventuais modificações previstas na prestação do serviço, explicitando suas condições e duração;
d) o resultado da avaliação efetuada no exercício anterior.

Art. 13 - As sugestões e reclamações do usuário relativas à prestação dos serviços serão numeradas e registradas em livro próprio, mediante entrega de certificado de registro.

§ 1º - Os registros a que se refere este artigo serão públicos, ressalvadas as hipóteses de sigilo previstas em lei.

§ 2º - Os prestadores de serviços colocarão à disposição do usuário formulários simplificados e de fácil compreensão para a elaboração das sugestões e reclamações.

Art. 14 - Os Serviços de Atendimento ao Usuário encaminharão anualmente relatório circunstanciado de suas atividades às Comissões de Avaliação previstas no artigo 15 desta lei.

CAPÍTULO VII
Das Comissões de Avaliação

Art. 15 - A qualidade dos serviços e a observância dos direitos e princípios estabelecidos nesta lei serão periodicamente avaliados, externa e internamente, pelo prestador do serviço e por uma Comissão de Avaliação especialmente constituída para este fim, observando-se:

I - a Comissão de Avaliação será composta por:
a) cinqüenta por cento de membros indicados pelo Poder Público quando o serviço for prestado pela administração pública direta ou indireta, e quando o serviço for prestado por particular, vinte e cinco por cento de membros indicados pelo executor do serviço e vinte e cinco por cento de membros indicados pelo órgão ou entidade do Poder Público;
b) cinqüenta por cento de membros indicados ou eleitos pelas entidades associativas de defesa do usuário;

II - os membros indicados ou eleitos para compor a Comissão de Avaliação terão mandato de dois anos, admitida uma recondução;

III - os membros da Comissão de Avaliação não serão remunerados, ressalvada a ajuda de custo por reunião da qual participem;

IV - a Comissão de Avaliação poderá ser assessorada por pessoa física ou jurídica especializada;

V - o ato de instalação da Comissão de Avaliação deverá ser publicado em órgão oficial e amplamente divulgado, devendo conter:
a) indicação dos membros e o segmento que representam;
b) o prazo de funcionamento;
c) o prazo, modo e local para o usuário apresentar reclamações e sugestões referentes aos serviços.

§ 1º - a avaliação a que se refere este artigo terá periodicidade anual, devendo ser publicada e amplamente divulgada pelo prestador do serviço, indicando, obrigatoriamente:
a) o serviço público prestado;
b) as pessoas jurídicas de direito público ou privado responsáveis pela prestação e supervisão do serviço;
c) os membros da Comissão de Avaliação;
d) o atendimento aos princípios e direitos estabelecidos nesta lei;
e) o cumprimento das metas eventualmente fixadas para a prestação do serviço;
f) as reclamações, sugestões e representações relativas à prestação dos serviços;
g) a avaliação do Serviço de Atendimento ao Usuário;
h) o parecer do órgão responsável pela prestação ou supervisão do serviço; e,
i) quando houver, a declaração de voto.

CAPÍTULO VIII
Das Ouvidorias de Defesa do Usuário

Art. 16 - Fica criada, no âmbito da União, a Ouvidoria de Defesa do Usuário de Serviço Público, órgão subordinado ao Conselho Nacional de Serviço Público.

Art. 17 - O Ouvidor será indicado pelo Conselho Nacional de Serviço Público e nomeado pelo Presidente da República, após argüição e aprovação pelo Senado Federal, com mandato de dois anos, permitida uma recondução.

Art.18 - Ao Ouvidor competirá:
I - atuar, de ofício ou por provocação, na defesa dos direitos e interesses individuais e coletivos do usuário dos serviços públicos contra atos e omissões ilegais ou manifestamente injustos praticados pelos prestadores de serviço;
II - receber e apurar as reclamações ou denúncias relativas à prestação dos serviços, recomendando aos órgãos competentes, quando cabível, a instauração de sindicâncias, processos administrativos ou auditorias;
III - recomendar a correção de atos e procedimentos que violem os princípios estabelecido nesta lei;
IV - sugerir aos prestadores medidas de aprimoramento e adequação dos serviços;
V - difundir amplamente os direitos do usuário;
VI - apresentar anualmente ao Conselho Nacional de Serviço Público relatório circunstanciado de suas atividades e dos resultados obtidos.

§ 1º - Não serão objeto de apreciação do Ouvidor as questões judiciais ou administrativas pendentes de decisão.

§ 2º - O recebimento de reclamações ou denúncias pelo Ouvidor não implicará na suspensão ou interrupção dos prazos administrativos.

Art. 19 - O Ouvidor, no uso de suas atribuições, terá acesso a todo e qualquer documento referente à prestação dos serviços, podendo requisitá-lo para exame e posterior devolução.

Art. 20 - Todos os servidores do Poder Público deverão prestar apoio e informações ao Ouvidor em caráter prioritário e em regime de urgência.

§ 1º As informações requisitadas, por escrito, pelo Ouvidor, deverão ser prestadas no prazo de 72 (setenta e duas) horas, responsabilizando-se quem der causa ao atraso.

§ 2º A impossibilidade de cumprir o prazo determinado no parágrafo anterior deverá ser comprovada, em igual prazo.

Art. 21 - Ao Ouvidor será vedado:
I - receber, a qualquer título e sob qualquer pretexto, honorários, porcentagens ou custas;
II - exercer outra função pública ou atividade privada remunerada de qualquer espécie, salvo a de magistério superior;
III - participar de sociedade comercial, na forma da lei;
IV - exercer atividade político-partidária, salvo exceções previstas em lei.

Art. 22 - Qualquer cidadão poderá representar contra o Ouvidor junto ao Conselho Nacional de Serviço Público, assegurado o direito a ampla defesa e ao contraditório.

Parágrafo único - Será destituído do cargo o Ouvidor que:
I - infringir o disposto no artigo anterior;
II - abusar das prerrogativas do cargo;
III - negligenciar o cumprimento de suas atribuições;
IV - sofrer condenação criminal em sentença transitada em julgado.

Art. 23 - O Ouvidor poderá requisitar, com ônus, servidores de órgãos e entidades integrantes da administração pública direta e indireta, quaisquer que sejam as funções a serem exercidas, observado o disposto no artigo 18 desta lei.

Art. 24 - As Ouvidorias criadas pelos órgãos colegiados instituídos na forma do artigo 11 parágrafo 4º desta lei, poderão atuar de forma integrada à Ouvidoria de Defesa do Usuário de Serviço Público.

CAPÍTULO IX
Da Apuração de Violação dos Direitos do Usuário

Art. 25 - De ofício ou mediante representação do interessado, o dirigente do órgão responsável pela prestação do serviço promoverá a apuração de qualquer violação dos direitos do usuário que chegue ao seu conhecimento.

Art.26 - A instauração do processo será feita por ato administrativo devidamente fundamentado em que se designará o servidor encarregado da apuração dos fatos, sendo-lhe assegurado todos os meios e recursos necessários ao desempenho da tarefa que lhe foi atribuída.

Art. 27 - Os atos administrativos do processo terão forma escrita, com registro em banco de dados próprio, indicando a data e o local de sua emissão, e com a assinatura do agente público responsável.

Art 28 - Serão observados os seguintes prazos:

I - dois dias, para autuação, juntada aos autos de quaisquer elementos e outras providências de simples expediente;

II - quatro dias, para efetivação de notificação ou intimação pessoal;

III - cinco dias, para elaboração de informe sem caráter técnico;

IV - quinze dias, para elaboração de pareceres, perícias e informes técnicos, prorrogáveis por mais dez dias a critério da autoridade superior, mediante pedido fundamentado;

V - cinco dias, para decisões no curso do processo;

VI - quinze dias, a contar do término da instrução, para decisão final;

VII - dez dias, para manifestações em geral do usuário ou providências a seu cargo.

Art. 29 - Se no decorrer da apuração surgirem provas, ainda que indiciárias, que digam respeito a possível responsabilidade de algum servidor ou preposto de pessoa física ou jurídica de direito privado prestadora de serviço público, deverá ele ser ouvido e prestar esclarecimentos, facultando-se-lhe produzir provas que julgar convenientes.

Art. 30 - Durante a tramitação do processo serão assegurados aos interessados os direitos de:

I - ter vista dos autos e obter cópia dos documentos nele contidos;

II - ter ciência da tramitação do processo e das decisões nele proferidas, inclusive da respectiva motivação e das opiniões divergentes;

III - formular alegações e apresentar documentos os quais serão juntados aos autos e levados em consideração pelo responsável pela apuração dos fatos.

Art.31 - Quando for necessária a prestação de informações ou a apresentação de provas pelos interessados ou terceiros, estes serão intimados para esse fim, com antecedência mínima de três dias úteis, mencionando-se data, prazo, forma e condições de atendimento.

Parágrafo único - Quando a intimação for feita ao denunciante para fornecimento de informações ou documentos necessários à apreciação e apuração da denúncia, o não atendimento autorizará o arquivamento do processo, se de outro modo o órgão responsável pelo processo não puder obter os dados solicitados.

Art.32 - Concluída a instrução, o responsável pela apuração deverá elaborar relatório de todos os atos do processo e opinar conclusivamente, encaminhando os autos à autoridade que determinou a instauração do processo.

Art. 33 - O dirigente do órgão responsável pela apuração deverá proferir decisão que, conforme o caso, poderá ser:
I - arquivamento dos autos;
II - determinação da prática dos atos que se fizerem necessários para atendimento dos direitos do usuário;
III - encaminhamento dos autos ou das peças que julgue pertinentes ao órgão competente para apurar os ilícitos administrativo, civil e criminal contra os responsáveis pelas violações dos direitos do usuário ou, se competente, determinar a apuração.

Art. 34 - Sempre que no processo for identificada alguma deficiência na prestação dos serviços, por inadequação de procedimentos, deficiência de meios ou outra qualquer causa, a autoridade responsável pela decisão final promoverá a correção de tudo quanto entendido como insatisfatório.

Art 35 - Aplicam-se ao processo regulado neste Capitulo, no que forem compatíveis, os preceitos legais do processo administrativo.

CAPÍTULO X
Das Disposições Transitórias e Finais

Art.36 - Fica o Poder Executivo autorizado no ano de 1999 a efetuar as despesas necessárias à instalação do Conselho Nacional de Serviço Público e da Ouvidoria de Defesa do Usuário, podendo remanejar, transferir ou utilizar saldos orçamentários, empregando como recursos dotações destinadas às atividades finalísticas e administrativas do Ministério do Orçamento e Gestão.

Art. 37 - Os contratos mantidos entre o Poder Público e prestadores privados de serviços públicos deverão ser adequados às exigências estabelecidas nesta lei no prazo de 90 (noventa) dias, contado de sua publicação.

Art. 38. Esta Lei entra em vigor na data da sua publicação.

JUSTIFICATIVA

Que cidadão brasileiro já não enfrentou filas homéricas, descaso, lentidão, mau-humor e até distrato por parte do servidor público, sem contar o extravio e desaparecimento de documentos?

É importante ressaltar que não se trata da totalidade dos serviços públicos e seus servidores, mas existe uma parte que acaba por desprestigiá-lo, fazendo parecer que o funcionário público não quer trabalhar e que o consumidor do serviço público é apenas um pedinte e não tem direitos.

A fim de melhorar a qualidade dos citados serviços e regulamentando o artigo 37, § 3º da Constituição Federal em vigor e artigo 27 da Emenda Constitucional n,º 19, resolvemos apresentar projeto de lei de competência do Legislativo com o objetivo de melhorar a qualidade.

Os serviços públicos devem ser prestados de forma adequada ao pleno atendimento do usuário, obedecendo aos princípios da universalidade, generalidade, cortesia, transparência, regularidade, continuidade, segurança, atualidade e quando cabível, modicidade das tarifas.

Este Projeto visa estabelecer eficientes regras sobre o regime de participação e defesa do usuário dos serviços públicos prestados pela administração direta e indireta de qualquer dos Poderes da União, dos Estados, do Distrito Federal e dos Municípios, no exercício de suas funções ou sob o regime de concessão, permissão ou autorização.

Para a adequada prestação dos serviços públicos é indispensável a participação do usuário no planejamento, fiscalização da execução e avaliação dos serviços, cabendo às pessoas de direito público e às de direito privado assegurar os meios necessários ao seu exercício.

Nesse sentido e preocupado com a qualidade dos serviços públicos, é que proponho o presente projeto de lei, o qual espero venha a merecer o apoio e a aprovação dos meus pares.

Atenciosamente, Deputado Celso Russomanno PPB/SP.

LEGISLAÇÃO CITADA ANEXADA PELA
COORDENAÇÃO DE ESTUDOS LEGISLATIVOS – CeDI

CONSTITUIÇÃO
DA REPÚBLICA FEDERATIVA DO BRASIL 1988

TÍTULO II
Dos Direitos e Garantias Fundamentais

CAPÍTULO I
Dos Direitos e Deveres Individuais e Coletivos

Art. 5º - Todos são iguais perante a lei, sem distinção de qualquer natureza, garantindo-se aos brasileiros e aos estrangeiros residentes no País a inviolabilidade do direito à vida, à liberdade, à igualdade, à segurança e à propriedade, nos termos seguintes:

I - homens e mulheres são iguais em direitos e obrigações, nos termos desta Constituição;

...

X – são invioláveis a intimidade, a vida privada, a honra e a imagem das pessoas, assegurado o direito a indenização pelo dano material ou moral decorrente de sua violação:

...

XXXIII - todos têm direito a receber dos órgãos públicos informações de seu interesse particular, ou de interesse coletivo ou geral, que serão prestadas no prazo da lei, sob pena de responsabilidade, ressalvadas aquelas cujo sigilo seja imprescindível à segurança da sociedade e do Estado;

...

TÍTULO III
Da Organização do Estado

...

CAPÍTULO VII
Da Administração Pública

...

SEÇÃO I
Disposições Gerais

Art. 37 - A administração pública direta, indireta de qualquer dos Poderes da União, dos Estados, do Distrito Federal e dos Municípios obedecerá aos princípios de legalidade, impessoalidade, moralidade, publicidade eficiência e, também ao seguinte:

* *Artigo, "caput" com redação dada pela Emenda Constitucional nº 19, de 04/06/1998.*

...

§ 3º A lei disciplinará as formas de participação do usuário na administração pública direta e indireta, regulando especialmente:

* § 3º com redação dada pela Emenda Constitucional nº 19, de 04/06/1998.

I – as reclamações relativas à prestação dos serviços públicos em geral, asseguradas a manutenção de serviços de atendimento ao usuário e a avaliação periódica, externa e interna, da qualidade dos serviços;
* Inciso I acrescido pela Emenda Constitucional nº 19, de 04/06/1998.

II – o acesso dos usuários a registros administrativos e a informações sobre atos e governo, observado o disposto no art. 5º, X e XXXIII;
* Inciso II acrescido pela Emenda Constitucional nº 19, de 04/06/1998.

III – a disciplina da representação contra o exercício negligente ou abusivo de cargo, emprego ou função na administração pública.
* Inciso III acrescido pela Emenda Constitucional nº 19, de 04/06/1998.

§ 4º - Os fatos de improbidade administrativa importarão a suspensão dos direitos políticos, a perda da função pública, a indisponibilidade dos bens e o ressarcimento ao erário, na forma e gradação previstas em lei, sem prejuízo da ação penal cabível.

...

EMENDA CONSTITUCIONAL 19 DE 04 DE JUNHO 1998

MODIFICA O REGIME E DISPÕE SOBRE PRINCÍPIOS E NORMAS DA ADMINISTRAÇÃO PÚBLICA, SERVIDORES E AGENTES POLÍTICOS, CONTROLE DE DESPESAS E FINANÇAS PÚBLICAS E CUSTEIO DE ATIVIDADES A CARGO DO DISTRITO FEDERAL, E DÁ OUTRAS PROVIDÊNCIAS.

Art. 27 – O Congresso Nacional, dentro de cento e vinte dias da promulgação desta Emenda, elaborará lei de defesa do usuário de serviços públicos.

...

CÓDIGO DE PROTEÇÃO E DEFESA DO CONSUMIDOR
LEI Nº 8.078, DE 11 DE SETEMBRO DE 1990
CÓDIGO DE PROTEÇÃO E DEFESA DO CONSUMIDOR

TÍTULO I
Dos Direitos do Consumidor

CAPÍTULO I
Disposições Gerais

Art. 1º - O presente Código estabelece normas de proteção e defesa do consumidor, de ordem pública e interesse social, nos termos dos artigos 5º, inciso XXXII, 170, inciso V, da Constituição Federal e art. 48 de suas Disposições Transitórias.

Art. 2º - Consumidor é toda pessoa física ou jurídica que adquire ou utiliza produto ou serviço como destinatário final.
Parágrafo único. Equipara-se a consumidor a coletividade de pessoas, ainda que indetermináveis, que haja intervindo nas relações de consumo.
Art. 3º - Fornecedor é toda pessoa física ou jurídica, pública ou privada, nacional ou estrangeira, bem como os entes despersonalizados, que desenvolvem atividades de produção, montagem, criação, construção, transformação, importação, exportação, distribuição ou comercialização de produtos ou prestação de serviços.
§ 1º Produto é qualquer bem, móvel ou imóvel, material ou imaterial.
§ 2º Serviço é qualquer atividade fornecida no mercado de consumo, mediante remuneração, inclusive as de natureza bancária, financeira, de crédito e securitária, salvo as decorrentes das relações de caráter trabalhista.
...

Brasília, 6 de novembro de 1998

VERSÃO PRELIMINAR DO ANTEPROJETO DE LEI
(Apresentada pelo relator de juristas,
Prof. Manoel Eduardo Alves Camargo e Gomes)

Dispõe sobre a participação e defesa do usuário dos serviços públicos e dá outras providências.

CAPÍTULO I
Das Disposições Preliminares

Art. 1º - Esta lei estabelece normas gerais sobre o regime de participação e defesa do usuário dos serviços públicos prestados pela administração direta e indireta de qualquer dos Poderes da União, no exercício da função administrativa, diretamente ou sobre o regime de concessão, permissão ou autorização.
Parágrafo único - Considera-se usuário a pessoa física ou jurídica que, direta ou indiretamente, utiliza ou pode utilizar os serviços referidos neste artigo.
Art. 2º - No início de cada ano civil, o Poder Público publicará o quadro geral dos serviços públicos, indicando:
I - a entidade ou órgão executor;
II - a autoridade administrativa a que está subordinado ou vinculado a entidade ou órgão executor;
III - a avaliação, quando houver, dos serviços prestados no exercício anterior;

IV - o prazo, a forma e local para os usuários apresentarem reclamações e sugestões referentes aos serviços.

Art. 3º - Os serviços públicos serão prestados de forma adequada ao pleno atendimento do usuário, obedecendo aos princípios da generalidade, cortesia, transparência, regularidade, continuidade, segurança, atualidade e, quando cabível, modicidade das tarifas.

Art. 4º - Para a adequada prestação dos serviços públicos é indispensável a participação do usuário no planejamento, execução e fiscalização dos serviços, cabendo às pessoas de direito público e as de direito privado assegurar os meios necessários ao seu exercício.

Parágrafo único – consideram-se meios necessários ao exercício da participação:

I - livre acesso às informações referentes ao planejamento, execução, fiscalização, avaliação, custo, segurança, duração, eficácia, normas legais, regulamentares e, quando cabíveis, contratuais que regulam a execução do serviço;

II – acesso direto e facilitado do usuário;

a) ao órgão ou entidade responsável pela execução do serviço;

b) ao órgão ou entidade a que o executor do serviço estiver vinculado ou subordinado;

c) ao Serviço de Atendimento do Usuário, à Comissão de Avaliação e ao Conselho Nacional de Serviço Público, nos termos desta lei.

III - registro gratuito, sem requisitos formais e mediante entrega de recibo, de sugestões e críticas sobre o serviço prestado e a forma de sua execução.

Art. 5º - A participação do usuário poderá ser exercida diretamente ou através das entidades indicadas no artigo 10 desta lei.

CAPÍTULO II
Dos Direitos do Usuário

Art. 6º - São direitos do usuário, sem prejuízo de outros decorrentes de tratado, convenções, leis, atos e contratos:

I - a adequada prestação dos serviços, nos termos do art. 3º desta lei;

II - a participação no planejamento, execução e avaliação dos serviços;

III - o acesso a registros administrativos e informações sobre atos do governo, observado o disposto no artigo 5º, XXXIII, da Constituição Federal;

IV - a obtenção e utilização do serviço com liberdade de escolha, observada as normas legais;

V - o sigilo sobre informações relativas à sua pessoa constantes de registros ou bancos de dados de prestadores dos serviços, observado o disposto no artigo 5º, X da Constituição Federal;

VI - o acesso e fruição do serviço sem discriminação;

VII – atendimento preferencial, no caso de usuário idoso, gestante ou portador de deficiência física.

Art. 7º - Aplica-se subsidiariamente a esta lei o contido na Lei nº 8.078 de 11 de setembro de 1990, em especial os dispositivos que tratam;
I - dos direitos básicos do consumidor;
II - da proteção ao consumidor e reparação dos danos;
III - da responsabilidade do fornecedor de serviços;
IV - das práticas comerciais e cláusulas contratuais abusivas,

Art. 8º - Os prestadores de serviços públicos responderão pelos danos que seus agentes, nesta qualidade, causarem ao usuário, a terceiros e, quando for o caso, ao Poder Público, assegurado o direito de regresso contra o responsável nos casos de dolo ou culpa.

CAPÍTULO III
Dos Deveres do Usuário

Art. 9º - São deveres do usuário.
I - utilizar adequadamente os serviços, procedendo com lealdade e boa-fé;
II - prestar as informações que lhe forem solicitadas e colaborar para a adequada prestação do serviço;
III - comunicar às autoridades responsáveis as irregularidades praticadas pelos prestadores dos serviços;
IV - não formular reclamações, criticas ou sugestões ciente de que são destituídas de fundamento;
V - não alterar a verdade dos fatos;
VI - opor resistência injustificada para a prestação adequada dos serviços.

CAPÍTULO IV
Da legitimação

Art. 10 – Estão legitimados para o exercício da participação e defesa dos direitos estabelecidos nesta lei:
I - o usuário,
II - a entidade legalmente constituída há mais de dois anos que inclua entre seus objetivos institucionais a defesa dos interesses e direitos estabelecidos nesta lei.

CAPÍTULO V
Do Conselho Nacional de Serviço Público

Art. 11 - Fica criada, no âmbito da União, o Conselho Nacional de Serviços Públicos, órgão consultivo do Poder Executivo, com a finalidade de formular e fiscalizar as políticas gerais e setoriais de prestação dos serviços públicos.

§ 1º - O Conselho Nacional de Serviço Público será composto por:

I - vinte e cinco por cento de membros indicados pelo Poder Público;

II - vinte e cinco por cento de membros indicados pelas pessoas jurídicas de direito privado prestadoras de serviços públicos;

III - cinqüenta por cento de membros indicados ou eleitos pelas entidades associativas de usuários de serviços públicos, legalmente constituídas há mais de dois anos;

§ 2º - Caberá ao Conselho Nacional de Serviço Público:

I - opinar sobre a política nacional de serviço público, especialmente no que se refere à defesa dos direitos e interesses do usuário;

II - propor critérios para a delegação dos serviços;

III - estabelecer as diretrizes de prestação, avaliação e aprimoramento dos serviços,

IV - indicar um ouvidor para a defesa do usuário, observadas as disposições desta lei;

V - publicar, anualmente, em meio oficial ou em jornal de grande circulação, relatório circunstanciado de suas atividades.

§ 3º - As sessões do Conselho serão públicas e suas pautas deverão ser publicadas em meio oficial com antecedência mínima de quarenta e oito horas.

CAPÍTULO VI
Dos Serviços de Atendimento ao usuário

Art. 12 - Os prestadores de serviços públicos manterão Serviço de Atendimento ao Usuário, impondo-se ao Poder Público e à coletividade o dever de fiscalizar a adequação e eficiência do atendimento.

§ 1º - Os Serviços de Atendimento ao usuário deverão:

I - situar-se em locais de fácil acesso ao usuário;

II - afixar de forma legível e didática:

a) o local e hora de atendimento, bem como o nome do responsável pelo serviço;

b) a descrição dos serviços e dos indicadores de desempenho;

c) as eventuais modificações previstas na prestação do serviço, explicitando suas condições e duração;

d) o resultado da avaliação efetuada no exercício anterior.

Art. 13 - As sugestões e reclamações do usuário relativas à prestação dos serviços serão numeradas e registradas em livro próprio, mediante entrega de certificado de registro.

§ 1º - Os registros a que se refere este artigo serão públicos, ressalvadas as hipóteses de sigilo previstas em lei.

§ 2º - Os prestadores de serviços colocarão à disposição do usuário formulários simplificados e de fácil compreensão para a elaboração das sugestões e reclamações.

Art. 14 - Os serviços de Atendimento ao Usuário encaminharão anualmente relatório circunstanciado de suas atividades às Comissões de Avaliação previstas no artigo 15 desta lei.

CAPÍTULO VII
Das Comissões de Avaliação

Art. 15 - A qualidade dos serviços e a observância dos direitos e princípios estabelecidos nesta lei serão periodicamente avaliados, externa e internamente, pelo prestador do serviço e por uma Comissão de Avaliação especialmente constituída para este fim, observando-se:

I - a Comissão de Avaliação será composta por:

a) cinqüenta por cento de membros indicados pelo Poder Público quando o serviço for prestado pela administração pública direta ou indireta, e quando o serviço for prestado por particular, vinte e cinco por cento de membros indicados pelo executor do serviço e vinte e cinco por cento de membros indicados pelo órgão ou entidade do Poder Público;

b) cinqüenta por cento de membros indicados ou eleitos pelas entidades associativas de defesa do usuário;

II - os membros indicados ou eleitos para compor a Comissão de Avaliação terão mandato de dois anos, admitida uma recondução;

III - os membros da Comissão de avaliação não serão remunerados, ressalvada a ajuda de custo por reunião da qual participem;

IV - a Comissão de Avaliação poderá ser assessorada por pessoa física ou jurídica especializada;

V - o ato de instalação da Comissão de Avaliação deverá ser publicado em órgão oficial e amplamente divulgado, devendo conter:

a) indicação dos membros e o segmento que representam;
b) o prazo de funcionamento;
c) o prazo, modo e local para o usuário apresentar reclamações e sugestões referentes aos serviços.

§ 1º - a avaliação a que se refere este artigo terá periodicidade anual, devendo ser publicada e amplamente divulgada pelo prestador do serviço, indicando, obrigatoriamente:

a) o serviço público prestado;
b) as pessoas jurídicas de direito público ou privado responsáveis pela prestação e supervisão do serviço;
c) os membros da Comissão de Avaliação;
d) o atendimento aos princípios e direitos estabelecidos nesta lei;
e) o cumprimento das metas eventualmente fixadas para a prestação do serviço;
f) as reclamações, sugestões e representações relativas à prestação dos serviços;
g) a avaliação do Serviço de Atendimento ao Usuário;
h) o parecer do órgão responsável pela prestação ou supervisão do serviço; e,
i) quando houver, a declaração de voto.

CAPÍTULO VIII
Das Ouvidorias de Defesa do Usuário

Art. 16 - Fica criada, no âmbito da União, a Ouvidoria de Defesa do Usuário de Serviço Público, órgão subordinado ao Conselho Nacional de Serviço Público.

Art. 17 - O Ouvidor será indicado pelo Conselho Nacional de Serviço Público e nomeado pelo Presidente da República, após argüição e aprovação pelo Senado Federal, com mandato de dois anos, permitida uma recondução.

Art. 18 - Ao Ouvidor competirá:

I - atuar, de ofício ou por provocação, na defesa dos direitos e interesses individuais e coletivos do usuário dos serviços públicos contra atos e omissões ilegais ou manifestamente injustos praticados pelos prestadores de serviço;

II - receber e apurar as reclamações ou denúncias relativas à prestação dos serviços, recomendando aos órgãos competentes, quando cabível, a instauração de sindicâncias, inquéritos administrativos ou auditorias;

III - recomendar a correção de atos e procedimentos que violem os princípios estabelecidos nesta lei;

IV - sugerir aos prestadores medidas de aprimoramento e adequação dos serviços;

V - difundir amplamente os direitos do usuário;

VI - apresentar anualmente ao Conselho Nacional de Serviço Público relatório circunstanciado de suas atividades e dos resultados obtidos.

§ 1º - Não serão objeto de apreciação do Ouvidor as questões judiciais ou administrativas pendentes de decisão.

§ 2º - O recebimento de reclamações ou denúncias pelo Ouvidor não implicará na suspensão ou interrupção dos prazos administrativos.

Art. 19 - O Ouvidor, no uso de suas atribuições, terá acesso a todo e qualquer documento referente à prestação dos serviços, podendo requisitá-la para exame e posterior devolução.

Art. 20 - Todos os servidores do Poder Público deverão prestar apoio e informações ao Ouvidor em caráter prioritário e regime de urgência.

§ 1º As informações requisitadas, por escrito, pelo Ouvidor, deverão ser prestadas no prazo de 72 (setenta e duas) horas, responsabilizando-se quem der causa ao atraso.

§ 2º A impossibilidade de cumprir o prazo determinado no parágrafo anterior deverá ser comprovada, em igual prazo.

Art. 21 - Ao Ouvidor será vedado:

I - receber, a qualquer título e sob qualquer pretexto, honorários, porcentagens ou custas;
II - exercer outra função pública ou atividade privada remunerada de qualquer espécie, salvo a de magistério superior;
III - participar de sociedade comercial, na forma da lei;
IV - exercer atividade político-partidária, salvo exceções previstas em lei.

Art. 22 - Qualquer cidadão poderá representar contra o Ouvidor junto ao Conselho Nacional de Serviço Público, assegurado o direito a ampla defesa e ao contraditório.
Parágrafo único - Será destituído do cargo o Ouvidor que:
I - infringir o disposto no artigo anterior;
II - abusar das prerrogativas do cargo;
III - negligenciar o cumprimento de suas atribuições;
IV - sofrer condenação criminal em sentença transitada em julgado.

Art. 23 - O Ouvidor poderá requisitar, com ônus, servidores de órgãos e entidades integrantes da administração pública direta e indireta, quaisquer que sejam as funções a serem exercidas, observado o disposto no artigo 18 desta lei.

CAPÍTULO IX
Da Apuração de Violação dos Direitos do Usuário

Art. 24 - De ofício ou mediante representação do interessado, o dirigente do órgão responsável pela prestação do serviço promoverá a apuração de qualquer violação dos direitos do usuário que chegue ao seu conhecimento.

Art.25 - A instauração do processo será feita por ato administrativo devidamente fundamentado em que se designará o servidor encarregado da apuração dos fatos, sendo-lhe assegurado todos os meios e recursos necessários ao desempenho da tarefa que lhe foi atribuída.

Art. 26 - Os atos administrativos do processo terão forma escrita, com registro em banco de dados próprio, indicando a data e o local de sua emissão, e com a assinatura do agente público responsável.

Art. 27 - Serão observados os seguintes prazos:
I - dois dias, para autuação, juntada aos autos de quaisquer elementos e outras providências de simples expediente;
II - quatro dias, para efetivação de notificação ou intimação pessoal;
III - cinco dias, para elaboração de informe sem caráter técnico;
IV - quinze dias, para elaboração de pareceres, perícias e informes técnicos, prorrogáveis por mais dez dias a critério da autoridade superior, mediante pedido fundamentado;

V - cinco dias, para decisões no curso do processo;
VI - quinze dias, a contar do término da instrução, para decisão final;
VII - dez dias, para manifestações em geral do usuário ou providências a seu cargo.

Art. 28 - Se no decorrer da apuração surgirem provas, ainda que indiciárias, que digam respeito a possível responsabilidade de algum servidor ou preposto de pessoa física ou jurídica de direito privado prestadora de serviço público, deverá ele ser ouvido e prestar esclarecimentos, facultando-lhe produzir provas que julgar convenientes.

Art. 29 - Durante a tramitação do processo serão assegurados aos interessados os direitos de:
I - ter vista dos autos e obter cópia dos documentos nele contidos;
II - ter ciência da tramitação do processo e das decisões nele proferidas, inclusive da respectiva motivação e das opiniões divergentes;
III - formular alegações e apresentar documentos os quais serão juntados aos autos e levados em consideração pelo responsável pela apuração dos fatos.

Art.30 - Quando for necessária a prestação de informações ou a apresentação de provas pelos interessados ou terceiros, estes serão intimados para esse fim, com antecedência mínima de três dias úteis, mencionando-se data, prazo, forma e condições de atendimento.

Parágrafo único - Quando a intimação for feita ao denunciante para fornecimento de informações ou documentos necessários à apreciação e apuração da denúncia, o não atendimento autorizará o arquivamento do processo, se de outro modo o órgão responsável pelo processo não puder obter os dados solicitados.

Art.31 - Concluída a instrução, o responsável pela apuração deverá elaborar relatório de todos os atos do processo e opinar conclusivamente, encaminhando os autos à autoridade que determinou a instauração do processo.

Art. 32 - O dirigente do órgão responsável pela apuração deverá proferir decisão que, conforme o caso, poderá ser:
I - arquivamento dos autos;
II - determinação da prática dos atos que se fizerem necessários para atendimento dos direitos do usuário;
III - encaminhamento dos autos ou das peças que julgue pertinentes ao órgão competente para apurar os ilícitos administrativo, civil e criminal contra os responsáveis pelas violações dos direitos do usuário ou, se competente, determinar a apuração.

Art. 33 - Sempre que no processo for identificada alguma deficiência na prestação dos serviços, por inadequação de procedimentos, deficiência de meios ou outra qualquer causa, a autoridade responsável pela decisão final promoverá a correção de tudo quanto entendido como insatisfatório.

Art. 34 - Aplicam-se ao processo regulado neste Capítulo, no que forem compatíveis, os preceitos legais do processo administrativo no âmbito da Administração Pública Federal.

CAPÍTULO X
Das Disposições Transitórias e Finais

Art.35 - Fica o Poder Executivo autorizado no ano de 1999 a efetuar as despesas necessárias à instalação do Conselho Nacional de Serviço Público e da Ouvidoria de Defesa do Usuário, podendo remanejar, transferir ou utilizar saldos orçamentários, empregando como recursos dotações destinadas às atividades finalísticas e administrativas do Ministério da Administração e da Reforma do Estado - MARE.

Art. 36 - Os contratos mantidos entre o Poder Público e prestadores privados de serviços públicos deverão ser adequados às exigências estabelecidas nesta lei no prazo de 90 (noventa) dias, contado de sua publicação.

Art. 37. Esta Lei entra em vigor na data da sua publicação.

Brasília, ...